周易文化讲论

刘大钧 主编

《周易》与史学

杜庆余 著

生活·讀書·新知 三联书店

图书在版编目(CIP)数据

《周易》与史学 / 杜庆余著. — 北京 : 生活·读书·新知三联书店, 2018.5
(周易文化讲论)

ISBN 978-7-108-06168-3

Ⅰ. ①周… Ⅱ. ①杜… Ⅲ. ①《周易》-研究 Ⅳ. ①B221.5

中国版本图书馆CIP数据核字(2018)第015933号

责任编辑 王婧娅
封面设计 刘 俊
责任印制 黄雪明
出版发行 生活·讀書·新知 三联书店
(北京市东城区美术馆东街22号)
邮 编 100010
印 刷 四川省南方印务有限公司
排 版 成都勤慧彩色制版印务有限公司
版 次 2018年5月第1版
2018年5月第1次印刷
开 本 185毫米×130毫米 1/32 印张 7.25
字 数 93千字
定 价 28.00元

总　序

一百余年前，以天朝自诩的清朝政府，经鸦片战争至甲午海战，每战必败，接之而来的是割地赔款，签订不平等条约。面对国运多舛、国人受侮，当时先进的知识分子在激愤之下，错误地将矛头对准以儒家为核心的中国传统文化，一时极尽羞辱之能事。如时人吴稚晖提出要把“国故”丢到“茅厕”里，而钱玄同等一众学者要求全面废除汉字。如此种种，千年“斯文”此时似乎真要“扫地”矣。且此种批判风气蔓延至学术研究领域，学者治学也多受此情绪影响，因而失去作为学者对学术研究的客观与公正的态度。以

《周易》为例，为否定孔子与《周易》的关系，对《论语》中孔子“加我数年，五十以学《易》，可以无大过矣”一语，利用《鲁论》之“易”为“亦”字，改句读为“加我数年，五十以学，亦可以无大过矣”，证明孔子与《易》根本没有关系。为证明《周易》晚出，宣称《左传》中的占筮资料是刘歆割裂《师春》插入其中的伪作。20世纪40年代，更有人注疏《周易》经文，对《周易》经文中六十四卦前所标注的六十四卦卦象，对《易传》所云“易者，象也；象也者，像也”等有关易象的重要论述，皆全然不理。在不做任何学理论证的情况下，将由春秋战国延续至两汉魏晋的象数易学研究成果全部弃之不用，而纯以文字训诂解《易》。因为此种解释离开了“观象系辞”的宗旨，且古时字少，一字可与多字通假，因而使其训诂之解变成了一根“点石成金”的魔术棒，如解《易》之“亢龙有悔”为“沆龙有悔”，解“有孚惠心”之“孚”为俘虏等。此种论说早已不是平和客观的研究，更兼之对《周易》

经文常以己意随便改动。古人著书是为存史，今人却如此迂曲以否定之，真可谓“尽不信书则不如无书”也。这些以反传统自居的人，固然以激昂的斗志示人，但其内心，却是作为中国人面对积贫积弱现实的深深的文化自卑。也正是这种文化自卑心理，使当时顶尖级的学者不敢确认中国文化的长度和高度，弃典籍而“疑古过勇”。新文化运动对现代中国的文化转型虽然起到了积极的作用，但在约一个多甲子的时间里，传统文化还是受到很大冲击，尤其是经学研究，多被贴上负面标签，处于文化边缘。

《易传·序卦》曰：“物不可以终尽剥，穷上反下，故受之以复。”万事万物在最低潮之时，往往孕育着崛起的曙光。在20世纪最后三十年，传统文化终于迎来了其否泰运转之数。20世纪70年代前后，随着“亚洲四小龙”的崛起，部分国人发现由儒家文化传统一样能开发出现代文明，实现富国强兵。因而由70年代末至80年代，中国传统文化开始复兴，学者们重新认识与评价孔子，开辟学术园地，研究传统经典，在“果行育德”中宣讲中国传统文化。当此“屯起”之时，参与其中的学者们多有“致命遂志”之信念，怀着对传统文化的自觉与自信，承担起学人们的历史使命。在“君子以经纶”的求索中，逐渐有了中国传统文化全面复兴的良好形势。到90年代，随着学术队伍的壮大、民间人士的响应，传统文化的发展成为一种潮流，从20世纪初至六七十年代，一直被不屑、被轻视、被批判的古老“国学”竟重新“流行”！其实，传统文化复兴的根本原因，还是随着改革开放而形成的经济发展与国运昌盛。中华民族在崛起中汲取了传统文化的德性营养，进而随着国力的全面提升，民族自信和文化自信亦一步步恢复，人们对“疑古过勇”者的批判愈加明确，也愈加要求优秀传统文化参与国家和民族的崛起，实现文化层面的民族自信。故近年来传统文化重新走向庙堂，并成为中国特色社会主义文化的源泉，成为中国文化自信的根基。

历经百余年的波折，现在我们对于传统文化，已经有了比较成熟的态度。一方面，传统文化决不可丢弃，而应努力弘扬。《易·贲卦·彖传》云："观乎天文，以察时变；观乎人文，以化成天下。"文化与天下相系，何其重要！而现代文明体系中的民族与国家，也都是以各自文化为根本标志，传统文化是一个国家与民族的灵魂。若我们当真"全盘西化"，抛弃传统，则何以能名为"中国人"与"中华民族"？民国初年部分人的文化自卑心态，其根本原因是出于知识分子对国家贫弱的痛心与激愤，但历史的发展已经澄清，贫弱或富强绝不能简单地与中西文化之优劣画等号。因此，我们应怀着骄傲，确立我们的民族文化自信，更加努力地传承与弘扬优秀传统文化，以助力国家的全面复兴与强大。另一方面，承继传统文化绝不意味着固守。全然守旧的老路是走不通的，对传统文化要进行深入的研究，批判剔除其中的消极内容；同时应着眼现代文明，结合当前现实，努力由"旧识"开出"新知"。《诗·大雅·文王》云："周虽旧邦，其命维新。"冯友兰先生尝引之以期许国家的前途，而此亦是我们对中国传统文化的期许。在传统文化中，《周易》兼有源头与总括的性质。《周易》是中国最古老的典籍之一，它极天地之渊蕴，究人事之终始，开中国文化之源，影响了先秦诸子与历代学术思想。《周易》又是中国文化的最高典籍，两汉时为群经之首，魏晋时为三玄之冠，宋明时为理学之基；迄于近代，亦是中国学术转型的重要根据。近代著名学者，如熊十力、马一浮等先生，俱以大易为最高旨归，而致力于开辟当代新学。《周易》还关涉中国古代的一切文化现象，正如《四库全书总目提要》所总结的："易道广大，无所不包，旁及天文、地理、乐律、兵法、韵学、算术，以逮方外之炉火，皆可援易以为说。"更为突出的是，《周易》文化在海外有很大的影响，如莱布尼茨、荣格等西方学者胥受《易》之影响进而推崇《周易》，而韩国则径取太极八卦之象作为国旗。一言以蔽之，《周易》是中国优秀传统文化中的璀璨代表，在世界文化中占有重要地位，自古至今都有其独特的魅力与重要的影响，我们应下大力气继承与弘扬。

“周易文化讲论”丛书的策划，是受国家汉办前主任许琳的嘱托，她说：一门学问的研究，深入不容易，浅出往往更难，你们能不能用当代人的视角，以显明易懂的文字，对《周易》中当前人们关注的基本精神和核心内容，向读者做一个介绍？为此，经反复讨论，我们既着眼于《周易》文化的传承与弘扬，又针对当下之文化关切，选取了十个主题对《周易》文化进行讲解。“周易文化讲论”丛书包括了三个部分的内容：

第一，总论一讲。“《周易》与中国文化”一题中，作者系统梳理了《周易》的基本精神、核心内容与主要特质；并由《易》与儒释道的关系，确认《周易》在中国传统文化中的重要地位。另外，作者又从中国文化的总体视野入手，简明扼要地介绍了《易》与中医、气功、天文气象、风水术、音乐、兵学、音韵学、数学、炼丹术等传统文化的密切关系，展现了《周易》的文化广度。

由此总论一讲，读者可了解《周易》文化的整体样貌，更可管窥《周易》作为大道之源，对中国传统文化各领域无所不包的全面影响。

第二，跨文化领域五讲。我们选取近年来人们关心的五个主题，以不同文化领域之视角，详说易道之流行。“《周易》与养生”一题中，作者分析了《周易》阴阳、气论、感通等思想对中国养生学的重要影响；并以气功等实际功法为例，具体展现了两者之间的深刻联系。更为重要的是，作者于最后一章论《周易》与哲理养生，根据《周易》中的快乐主义、诗意生活、道德修养等，提出由生命境界的提升、由养神来养生的观点。结合现实来看，随着生活水平提高、人口老龄化加速，当前养生越来越受到国人的重视，运动、食疗等养生方法非常流行；但养生不仅是养身，更是养心、养神，人们往往不太重视生命境界的提升。故本讲所论，哲理养生是中国养生学的根本特色所在，是最重要的养生方法，实极有现实意义。“易学与中国建筑”一题中，作者由中国古代的城市兴建、宫殿建设、礼制建筑、民间建筑、宗教建筑等五种建筑类型，图文并茂地举例，探讨了其中所应用的《周易》之象、数、理等内容。书中所举之例，既包括隋代大兴城、唐代洛阳明堂等仅载于古书的建筑，又有新疆特克斯八卦城、北京故宫等仍保存完好的建筑。通过本书，读者可由《易》之视野，领略到这些建筑不同的魅力。另外，《周易》所论三才之道、天人合一等思维，在当今世界范围内均突显出其价值。故现代建筑学中，也越来越重视以《周易》为代表的传统文化理念。可以预见，《周易》与中国建筑的联系在未来将会更加密切。“《周易》与儒学”一题中，作者详细考辨了孔子读《易》、赞《易》之事；勾勒了儒学与《周易》两者之间相互影响、相辅相成、交相辉映，最后融为一体的历程，同时爬梳了孟子以降的历代儒学与易学之源流。“《周易》与中国文学”一题中，作者首先确认《周易》经传的文学性，确认《周易》本身就是一部优秀的先秦文学作品；进而从文学创作出发，梳理历代文学作品中对《周易》的广泛引用；又从文学批评出发，分析了《周易》哲学对中国文学理论的深刻影响。值得一提的是，作者在当代文学部分，用了相当篇幅介绍金庸武侠小说与《易》的关系。对金庸所用到的武功名称、招式名称、武术思想等，进行了较为细致的分析，揭示了其背后的易学理论。通过对当代流行元素的关切，极大增强了全书的可读性与趣味性。读史释《易》，向来是一个讲《易》的传统命题。“《周易》与史学”一题中，作者一方面由《易》观史，梳理《周易》经传中的历史故事与社会史资料，分析《周易》哲学对中国史学的影响；一方面由史观《易》，梳理史书中的易学资料与易学家，并举例探讨了历代史学大家的史学与易学思想。按易学与史学，自古至今联系密切：在古代突出表现为“以史治易”，古人常常用历史故事来注解《周易》，以参证《易》之思想，故有史事宗之易学；在近现代则突出表现为以《易》治史，一批学者受新史学影响，鼓吹“六经皆史料”，热衷于在《周易》经传中考察古代历史故事与社会史资料，取得了一些成绩。读者通过本书，当可大体了解史学与易学的深厚渊源。

第三，《周易》文化自身四讲。我们选取四个主题，由不同角度，详说《周易》文化自身的丰富内涵。“《周易》智慧”一题中，作者从具体卦爻出发，深入卦爻所象征的宇宙时空之具体情境，揭示个体生命在不同“时”中当效法取用的处世智慧。通过本讲，读者一方面可了解践行这些处世智慧，一方面可学习《周易》经传的解读方法。更为重要的是，作者针对人人皆身处祸福的考验与纠缠之中、关注命运而祈福避祸的现实，撰“吉凶之间求福避祸”一章，介绍《周易》预测吉凶悔吝、指导趋吉避凶的方法，介绍中国古代理性务实、不信仰鬼神的选择，介绍孔子阐发易理、观《周易》德义之道的方向。现实社会中，人们的生活节奏很快，经常身处多种选择、祸福不定的境遇之中，故而热切地希望管窥自己的命运。作者此章所介绍求福避祸、德义之道等关于命运的智慧，对读者思考命运问题、提升自我的生活质量，当有启发意义。“《周易》与人和之道”一题中，作者针对“和谐”的时代主题，由《同人》《睽》两卦，阐发《周易》所揭示的人际和谐之理想和原则；进而由具体的夫妇、父子、朋友、上下之关系入手，阐发《周易》中的和谐智慧。作者尤其详细考察了《周易》关于君民和谐的论述，深度发掘其中的民本思想，颇有新意，且对政治实践有一定的借鉴意义。“《周易》的思维方式”一题中，作者以现代文明与中西比较之视域，贯通《周易》经传，探讨《周易》中的思维方式：从内容上讲，有阴阳和谐、广业利世、应时鼎革等思维；从形式上讲，有形象、运数、直觉、逻辑、辩证等思维。通过“思维”这一当代学术的角度，展现了《周易》文化的鲜明特征和独特魅力，也展现出中国文化的特色。其中，作者探讨广业利世之思维，认为《周易》德与业并提、义与利并重，推崇“修业”“广业”“大业”，主张“利者，义之和”“利物足以和义”。

这对于我们纠正易学史中对广业利世的轻视，全面了解易学思想有一定的价值。“易学简史”一题中，作者以古代易学发展历史为主要线索，对各时期易学的主要派别、人物、学说进行介绍，勾勒出了易学发展的基本轮廓和大致格局。此讲可为读者阅读本套丛书，提供必要的易学基础。总之，《系辞传》赞易“广矣大矣”，由以上十题涉及之内容，亦可见一斑也。

鄙人认为，“周易文化讲论”丛书整体而言有以下几点特色：其一，多能本于新资料，介绍学术前沿，以匡正前人之偏失。如前文提到民国以来否定孔子与《易》之关系的疑古学说影响甚大，故“周易文化讲论”丛书在多处介绍了学界对于孔子与《易》关系问题的新结论。马王堆帛书《易传》的出土为此问题提供了极为珍贵的资料，其《要》篇载有孔子读《易》“居则在席，行则在橐”的情状，显然孔子不可能与《易》无关。在帛书《易传》中，孔子对自己的易学思想有充分的自觉，强调其真正重视的是“观其德义”的道德之途，而与史巫不同；孔子“德义”之途的思想，正与《易传》的主旨一致，故学界多确认《易传》是“孔子及其后学阐释和发挥《周易》古经而成”。这些材料与结论，可直接廓清民国以来否认孔子读《易》赞《易》的疑古风气，对于我们追溯文化脉络、挺立文化自信至关重要。其二，由现代文明之视域，尝试赋予《周易》文化以契合当下现实的解说。如丛书中反复论说《周易》中“德”之重要性，尤其由《中孚》卦、由孚信之义，可见《周易》对为人处世中“诚信”道德的重视。“周易文化讲论”丛书对传统易理的这一解释与强调，实有重要现实意义：市场经济是现代文明的重要特征，改革开放后，在商品经济浪潮中，不少人功利心太过，唯利是图，完全丢掉了诚信观念，丢掉了道德意识，甚至不惜违法。圣人云“君子忧道不忧贫”，真正的君子先存道后谋利，但在我们周围，这样的君子实在太少！我们热切希望读者中能有更多诚信守道之君子，从而扭转当下偏失的社会风气。其三，作为面向大众的文化读物，“周易文化讲论”丛书注意行文之通俗，避免艰涩深奥之辞，以适合文化的普及功用。

总之，本套“周易文化讲论”丛书兼备前沿性、时代性、通俗性等特点，我们希冀其在《周易》与中国传统文化的继承与弘扬方面，能发挥出一定价值。因为《周易》一书中包含的深奥易理和精微哲思，使其成为一部“书不尽言，言不尽意”之书，因而它凭借八卦与六十四卦卦象，“立象以尽意，设卦以尽情伪”。我们这套丛书所展示的，只是近三十余年来人们从现代文化的视角出发，贯通、探讨的《周易》经传中的人生智慧与思维方式。相信再过三十年，乃至一百年、二百年，随着我们生活内容的日益丰富与文化境界的不断提高，人们在岁月的流逝中将通过各种外显的八卦符号与内应的五行生克机理，寻求认识世界与把握世界的新方式。因而，《周易》将成为人们认识与改造世界、丰富自身文化发展的永恒研究母题与研究主题。而类似今日我们阐释

《周易》的这种丛书，今后将被一代又一代的后人不断推出，从而成为人们不断总结过去、改变现在、瞻视未来的创新动力。

本序之作，恰逢党的十九大胜利召开。十九大报告对文化非常重视，提出要“增强文化自信”“文化自信是一个国家、一个民族发展中更基本、更深沉、更持久的力量”，要“推动中华优秀传统文化创造性转化、创新性发展”。我们当初设计这套丛书的想法，正响应了十九大报告的新思维，这使我们甚感欣慰，故略呈拙文如上，是以为序。

刘大钧

丁酉年小雪于运乾书斋

目　　录

弁　言

《周易》包括经文和传文两部分。人们习惯将经文部分称作《周易》古经，将传文部分称作《易传》，其中《周易》古经成书大约在商周之际，到春秋战国时期出现了系统解说和阐释《周易》古经的著作，也就是人们所说的《易传》。《易传》由十个部分组成，被称作“十翼”，包括《彖·上》《彖·下》《象·上》《象·下》《系辞上》《系辞下》《文言》《说卦》《序卦》《杂卦》。

从汉代开始，人们将《周易》的经文和传文合二为一，形成了我们今天所看到的《周易》。《周易》成书以后深受人们的喜爱，很多人诵读

《周易》、研究《周易》、解析《周易》、传授《周易》，使《周易》研究形成了一门专门的学问——“易学”，也形成了众多的易学流派。

《周易》与史学有着很深的渊源。虽然《周易》本身不是历史书①，但是它本身有着丰富的史学资料和深刻的历史学意义，与史学关系非常密切。

《周易》在产生之初就与史学结下了不解之缘，先秦②的史官都是精通《周易》的，因而有人说《周易》为史官文化。《周易》经文和传文中所包含着的上古时期的史学资料，对于了解和研究古代社会具有深刻的意义。

《周易》对后世史学的产生和发展有着极其深远的影响，如对史学价值观的取向、史学思想的进步、史学的编撰方法等都有重要影响。史学对

① 对于《周易》到底是一部什么书，争议颇多，有很多人说是占卜书，有一些人说是哲学书，也有包括几位学术大家在内的少数人说是历史书，可谓仁者见仁，智者见智，众说纷纭，莫衷一是。

② 先秦是指中国历史中秦朝（前 221—前 206）以前的时期，包括原始社会、夏朝、商朝、西周和春秋战国时期。

《周易》的发展也产生了很大的作用。史学著作中有大量关于《周易》传承、研究的记载，很多史学家精通《周易》，有专门的《周易》研究著作传世，并把《周易》作为自己撰写史学著作的指导思想。

第一章　《周易》与史学的渊源

《周易》与史学的渊源非常深远，中国史学在产生的初期，就和《周易》产生了密切关系。文字产生以前，对于自然界发生的重大变化和氏族发生的重大事件如祭祀、狩猎、战争等，人们只能通过传唱的方式来进行记忆和流传。随着时间的推移，人们逐渐以刻木、结绳等方式记录历史，这就是“史”的产生。巫与瞽[①]成为记载和解说历史的承担者，他们一面通过各种方法记录下当时发生的大事，一面以自己的方式向人们解说历史。这种由巫史合一或瞽史合一所产生的“史”具有二重性，即真实记载的历史和以所谓神意、天意解说或曲说的历史合而为一。再后来，巫与史的职掌逐渐分开，产生了专门负责记事的史官。

文字发明以后，乐官和史官开始以传唱颂扬先祖的业绩和以文字记录各种大事，传播历史。古书上说“仓颉、黄帝史”，指出了史官和文字的关系，文字成为史官记载历史的必要工具。

仓颉，传说为黄帝的史官和汉字的创造者，被后人尊为中华文字始祖，但后世人们普遍认为汉字由仓颉一人创造只是传说，不过他可能是汉字的整理者。他广泛搜集民间的图画文字加以整理，创造了系统的象形文字。

到了商周时期，有了成熟的文字——甲骨文

---

① 瞽的意思是失明，中国远古时期以瞽者为乐官，故为乐官的代称。

仓颉

和钟鼎文。

甲骨文主要指殷墟甲骨文，又称为“殷墟文字”“殷契”，19 世纪末年在商朝都城遗址（今河南安阳小屯）被发现。甲骨文继承了陶文的造字方法，是商朝后期（前 14 世纪—前 11 世纪）王室用于占卜记事而刻（或写）在龟甲和兽骨上的文字。这些甲骨文所记载的内容极为丰富，涉及商朝社会生活的诸多方面，不仅包括政治、军事、

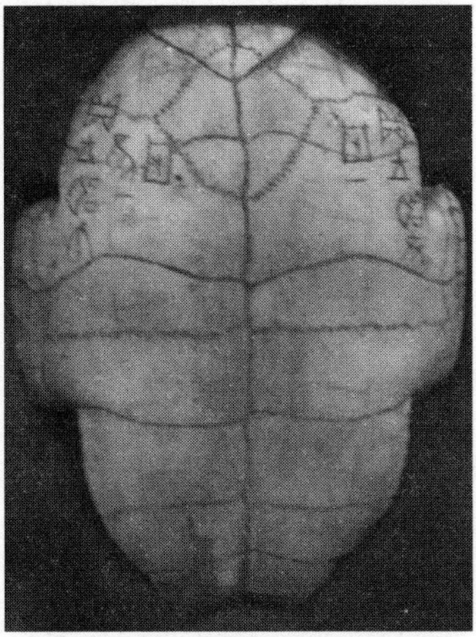

甲骨文

文化、社会习俗等内容，而且涉及天文、历法、医药等科学技术。甲骨文是中国已发现的古代文字中时代最早、体系较为完整的文字，商朝灭亡、周朝兴起之后，甲骨文还延绵使用了一段时期。

钟鼎文是指商周时期铸刻在青铜器上的铭文，也叫金文。“钟鼎”是青铜器的代名词，商周是青铜器的时代，青铜器的礼器以鼎为代表，乐器以钟为代表，因为这两类铜器上的字数最多，所以叫作“钟鼎文”。因为周以前把铜也叫金，所以铜器上的铭文也叫作“金文”或“吉金文字”。

甲骨文和钟鼎文出现之后，史官的职责更多的是用文字记录有关国家的大事，但他们要通过占卜来分析重大事件，解说历史的变化，因此史官兼有“巫”与“卜”的职能，和卜筮有着密不可分的关系。

这一时期，作为巫的贞人、卜者，有时同样兼有史官的职能。因此，作为解说卜筮结果的《周易》，它的形成过程与史官的活动就有着密切的关系，同时它又成为史官分析事物、观察社会、解决疑难、解说历史的依据。

在原始社会时期，史官的职责主要是掌管记事。进入夏商时期，史官的地位、身份、职责都发生了一些变化，成为国家管理机构中的官员，协助王起草政治文件、推行政令并记录国家大事。先秦时期史官的设置比较复杂，有大史、小史、内史、外史和御史之分，此外还有左史、右史之说，他们各自有自己的职责。

根据《周礼·春官》[1] 的记载，大史主要负责起草发布国家的政令文书、收藏盟约券书、颁布历法，以及国家祭祀的礼法与规范和国家的重要活动，如占卜祭祀、诸侯朝觐、国都迁徙、战争、大丧、小丧、太子即位等，大史都要参加。

小史的职责是保管各个邦国的志记和贵族的宗谱，处理国家礼仪活动中的一些小事，协助大史行事。

内史负责保管国家图书、典籍和发布对诸侯、卿、大夫的任命，执掌国家法律与政令的副本，凡四方奏事的文书，由内史读给王听。内史还负责书写王的命令，并抄写命令的副本加以保存。

外史负责书写和送达中央对地方的敕令，保管四方诸侯国的史志和历史典籍。如果有使者拿着王的命令出使四方，外史就负责书写命令给使者。

---

① 《周礼》又称《周官》，是儒家经典，相传为西周时期的周公所著，有《天官》《地官》《春官》《夏官》《秋官》《冬官》等六篇，所涉及之内容极为丰富，各种名物、典章、制度，无所不包。

御史的职责主要是掌管国家政令，负责监察和执法，以协助冢宰进行治理。御史也负责帮助王撰写命令。

关于左史、右史，《礼记·玉藻》① 篇说“动则左史书之，言则右史书之”，即左史负责专门记录天子的行动，右史负责专门记录天子说的话。

由于先秦时期的史官精通《周易》，他们常常用《周易》来解说历史现象，同时又以史书的记载来解说《周易》，既促进了史学思想的进步，又对易学体系的形成做出了很大贡献。

先秦时期的史官是由早期社会祭祀制度下的神职官员发展而来，是世袭制官员，他们作为当时神权的代言人和文化的代表人，运用自己掌握的文化知识，决定国家大计，参与军政大事，指

---

① 《礼记》是中国古代一部重要的典章制度书籍，是战国至秦汉年间儒家学者解释说明《仪礼》的文章选集，内容主要是记载和论述先秦的礼制、礼仪，解释《仪礼》，记录孔子和弟子等的问答，记述修身做人的准则，内容广博，门类杂多，涉及政治、法律、道德、哲学、历史、祭祀、文艺、日常生活、历法、地理等诸多方面，集中体现了先秦儒家的政治、哲学和伦理思想。

导王室活动，是极其重要的高级执政官，其地位是庄严而神圣的。

先秦时期史官的主要职责是掌管朝廷的重要文书和档案，发布文告、命令，进行占卜祭祀，沟通天人之间的关系，同时向人们解说历史。具体地说，当时史官的任务大致是：记录国家的大事，特别是记录天子、诸侯国君的言语与行动，要求做到秉笔直书；掌管卜筮的事情，通过解说卜筮的结果，分析国家发展的趋势，对时局变动和社稷大事可能造成的影响提出自己的看法；观察天象整理历书等。

在这些职责当中，记载当时发生的重大事情只要据实记录就可以了，而对国家大事发展变化的解说，则需要有依据，这个依据很重要的来源便是《周易》。所以精通《周易》是当时史官职责的需要，他们要运用《周易》来解释历史的发展变化。

先秦时期，卜筮对统治者来说是一件极其重要的事情，他们上至国家大事，特别是战争等军事行动，下到日常生活，包括婚姻、生育、生病、出行、打猎等，都要进行卜筮，以判断吉凶。在卜筮过程中，史官是重要参与者，他们不仅要将整个过程记录下来，还要对卜筮结果进行解说。统治者根据卜筮结果所预示的吉凶祸福和史官的解说决定自己的行动。事后，史官会对卜筮应验的情况进行记录。

由于先秦史官精通《周易》，兼掌卜筮之事，因此他们常又具有巫祝的身份。中国上古时期称祭祀时负责祭礼的神职官员为祝，地位比巫高，后来人们就将古代负责占卜祭祀的人合称为巫祝。巫祝作为上古时期的高级知识分子，晓天文，懂地理，知人事，更重要的是能与鬼神相通，地位崇高。

先秦文献中常常将史巫、史祝、祝史、卜史并称，这样的记载屡见不鲜，如《左传》① 记载：

① 《左传》原名为《左氏春秋》，简称《左传》，相传是春秋末年左丘明为解释孔子的《春秋》而作。《左传》记事起自鲁隐公元年（前722），止于鲁哀公二十七年（前468），是儒家重要经典之一。

祝史正辞，信也。今民馁而君逞欲，祝史矫举以祭，臣不知其可也。（桓公六年）

晋侯有疾，曹伯之竖侯獳货筮史。（僖公二十八年）

其祝史陈信于鬼神，无愧辞。（襄公二十七年）

夏六月甲戌朔，日有食之。祝史请所用币。（昭公十七年）

使祝史徙主祏于周庙，告于先君。……郊人助祝史除于国北，禳火于玄冥、回禄，祈于四鄘。（昭公十八年）

今君疾病，为诸侯忧，是祝史之罪也。……其祝史祭祀，陈信不愧。其家事无猜，其祝史不祈。……据与款谓寡人能事鬼神，故欲诛于祝史。……若有德之君，外内不废，上下无怨，动无违事，其祝史荐信，无愧心矣。是以鬼神用飨，国受其福，祝史与焉。……其祝史荐信，是言罪也。其盖失数美，是矫诬也。进退无辞，则虚以求媚。是以鬼

神不飨其国以祸之，祝史与焉。……君若欲诛于祝史，修德而后可。（昭公二十年）

若德回乱，民将流亡，祝史之为，无能补也。（昭公二十六年）

分之土田陪敦，祝宗卜史，备物典策，官司彝器。（定公四年）

公为支离之卒，因祝史挥以侵卫。（哀公二十五年）

先秦其他文献中也常见祝史、筮史、巫史并称的记载，如《国语》[1] 记载：

---

① 《国语》，又名《春秋外传》或《左氏外传》，相传为春秋末年鲁国左丘明所撰，它主要来源于春秋时期各国史官的记述。《国语》是中国最早的一部国别体史书，共二十一卷，分别记录了周朝王室和鲁、齐、晋、郑、楚、吴、越等国的历史，内容包括各国贵族间朝聘、宴飨、讽谏、辩说、应对之辞以及部分重要历史事件与传说，偏重于记述历史人物的言论，反映了春秋时期的社会状况。记事时间，上起西周周穆王十二年（前990）西征犬戎，下迄周贞定王十六年（前453）智伯被灭，前后五百多年。春秋时有盲史官，专门记诵、讲述古今历史。左丘明就是当时的著名盲史官。盲史官讲述的史事被后人集录成书，叫作《语》，再按照国别区分，就是《周语》《鲁语》等，总称《国语》。

王曰："吾其若之何?"（内史）对曰："使太宰以祝史帅狸姓，奉牺牲、粢盛、玉帛往献焉，无有祈也。"(《周语》上)

王使太宰忌父帅傅氏及祝史奉牺牲、玉鬯往献焉。内史过从至虢，虢公亦使祝史请土焉。(《周语》上)

公子亲筮之，曰："尚有晋国。"得贞《屯》悔《豫》，皆八也。筮史占之，皆曰："不吉。闭而不通，爻无为也。"（《晋语》四)

夫人作享，家为巫史，无有要质。(《楚语》下)

《仪礼》[①] 记载：

士立于西方，东面北上。祝史立于门东，

① 《仪礼》，又名《礼经》《士礼》，儒家典籍之一，是中国春秋战国时代的礼制汇编，共十七篇，内容记载周代的冠、婚、丧、祭、乡、射、朝、聘等各种礼仪制度，以记载士大夫的礼仪为主，也保留了一些远古的礼俗，是研究古代社会生活的重要史料之一。

北面东上。……乃荐士。祝史，小臣师，亦就其位而荐之。（《燕礼》第六）

乃荐士。祝史、小臣师亦就其位而荐之。（《大射仪》第七）

长沙马王堆汉墓帛书《周易》中《要》篇记述孔子之语，也提到“史巫之筮”：

子赣（贡）曰：“夫子亦信其筮乎?”子曰：“吾百占而七十当，唯周梁山之占也，亦必从其多者而已矣。”子曰：“《易》，我后其祝卜矣，我观其德义耳也。幽赞而达乎数，明数而达于德，有仁［守］者而义行之耳。赞而不达于数，则其为之巫。数而不达于德，则其为之史。史巫之筮，乡之而未也，好之而非也。后世之士疑丘者，或以《易》乎?吾求其德而已，吾与史巫同途而殊归者也。君子德行焉求福，故祭祀而寡也；仁义焉求吉，故卜筮而希也。祝巫卜筮其后乎!”

通过这些记载可以看出当时祝、巫、卜与史官虽有所区别，但在职能上有相同的一面，并且经常混而不分。

根据《周礼》的记载可知，史官的一个任务是掌管国家档案文书，这一点《左传》和《吕氏春秋》也有记载。《左传·昭公二年》说：

> 二年春，晋侯使韩宣子来聘……观书于大史氏。

由此可见，先秦史官掌管国家图书典籍，否则韩宣子就不会在大史那里观看书籍了。《吕氏春秋》说：

> 夏太史令终古出其图法，执而泣之。……殷内史向挚见纣之愈乱迷惑也，于是载其图法，出亡之周。……晋太史屠黍见晋之乱也，见晋公之骄而无德义也，以其图法归周。（《先识览第四》）

“图法”即国家的图录和法典等各种文献典

籍。因此，王国维先生曾说：

> 史为掌书之官，自古为要职。（《观堂集林·释史》）

史官还有一个任务是对国君“记言”“记行”，也对一些国之大事进行记载，如《国语》记载：

> 瞽史记曰：嗣续其祖，如谷之滋，必有晋国。（《晋语》四）

《尚书》记载：

> 太保、太史、太宗皆麻冕彤裳。太保承介圭，上宗奉同瑁，由阼阶跻。太史秉书，由宾阶跻。……御王册命。（《周书·顾命》第二十四）

《周礼》记载：

> 六曰史，掌官书以赞治。（《天官冢宰》

第一）

《吕氏春秋》记载：

成王与唐叔虞燕居，援梧叶以为珪。而授唐叔虞曰："余以此封女。"叔虞喜，以告周公。周公以请曰："天子其封虞邪？"成王曰："余一人与虞戏也。"周公对曰："臣闻之，天子无戏言。天子言，则史书之，工诵之，士称之。"于是遂封叔虞于晋。（《审应览》第六）

由于史官精通历史知识，他们还担任着解说历史的任务，如《国语》记载：

十五年，有神降于莘，王问于内史过，曰："是何故？固有之乎。"对曰："有之。国之将兴，其君齐明、衷正、精洁、惠和，其德足以昭其馨香，其惠足以同其民人。神飨而民听，民神无怨，故明神降之，观其政德而均布福焉。国之将亡，其君贪冒、辟邪、淫佚、荒怠、粗秽、暴虐；其政腥臊，馨香不登；其刑矫诬，百姓携贰，明神不蠲而民有远志，民神怨痛，无所依怀，故神亦往焉，观其苛慝而降之祸。是以或见神以兴，亦或以亡。昔夏之兴也，融降于崇山；其亡也，回禄信于聆隧。商之兴也，梼杌次于丕山；其亡也，夷羊在牧。周之兴也，鸑鷟鸣于岐山；其衰也，杜伯射王于鄗。是皆明神之志者也。”（《周语》上）

桓公为司徒，甚得周众与东土之人，问于史伯曰：“王室多故，余惧及焉，其何所可以逃死？”史伯对曰：“王室将卑，戎、狄必昌，不可逼也。当成周者，南有荆蛮、申、吕、应、邓、陈、蔡、随、唐；北有卫、燕、狄、鲜虞、潞、洛、泉、徐、蒲；西有虞、虢、晋、隗、霍、杨、魏、芮；东有齐、鲁、曹、宋、滕、薛、邹、莒，是非王之支子母弟甥舅也，则皆蛮、荆、戎、狄之人也。非亲则顽，不可入也。其济、洛、河、颍之间乎！是其子男之国，虢、郐为大，虢叔恃势，郐仲恃险，是皆有骄侈怠慢之心，而加之以贪冒。君若以周难之故，寄孥与贿焉，不敢不许。周乱而弊，是骄而贪，必将背君，君若以成周之众，奉辞伐罪，无不克矣。若克二邑，鄔、弊、补、舟、依、𩅲、历、华，君之土也。若前华后河，右洛左济，主芣、騩而食溱、洧，修典刑以守之，是可以少固。”（《郑语》）

由此可知，史官的职责决定了他们有精通《周易》的条件，而史官的职能又决定了他们必须精通《周易》。所以，西周时期的史官就成了掌握和收藏《周易》的人，兼管神职与人事。史官保管《周易》，并且由于他们要记录周天子、诸侯国君的言与行，常伴随在周天子、诸侯国君左右，因而他们与周天子、诸侯国君关系非常密切，在国家的政治、军事、文化生活中起着重要作用，在政治舞台上产生的影响力也是一般卜、祝难以相比的。

春秋时期，由于周王室衰微，大国争霸，政局动荡，史官流散，出现了《左传》记载的鲁庄公二十二年（前672）有周朝的史官带着《周易》去见陈侯的事情。从此，《周易》开始传布于诸侯国。《左传·昭公二年》记载，晋国的大夫韩宣子访问鲁国，在鲁太史那里看见了《易象》与《鲁春秋》两部书，由此感慨地说这才知道周公①的伟大品格和周朝得到天下的原因。而文中所记载的《易象》应该就是《周易》。

先秦文献中有很多关于史官用《周易》解说疑难或重大问题得到验证的记载，如《左传》记载，鲁庄公二十二年，陈厉公的儿子敬仲出生。陈厉公想知道这个孩子长大以后会对陈国的发展

① 周公，姓姬名旦，是周文王姬昌的第四个儿子，周武王的同母弟，西周初期杰出的政治家、军事家和思想家，被尊为儒学奠基人。周公在周灭商之战中起了很大作用。灭商两年后，周武王病死，其子成王年幼，由周公摄政当国。周武王的另外两个弟弟管叔和蔡叔不服，他们散布流言蜚语，说周公有野心，有可能谋害成王，篡夺王位。管叔、蔡叔和霍叔等人勾结商纣的儿子武庚以及徐、奄等东方夷族反叛。周公派兵平定了叛乱，大行封建，营建东都洛邑，制礼作乐，建立典章制度，还政成王，在巩固和发展周王朝的统治上起了关键性的作用，对中国历史文化的发展产生了深远影响。

周公

产生什么影响，于是使人占筮，得到了《观》卦变《否》卦。当时，周朝的史官正好在陈国，他用《周易》进行了解释。他说：

> 《观》卦（䷓）的变爻即六四爻的爻辞是“观国之光，利用宾于王”，那么“此其代陈有国乎？不在此，其在异国；非此其身，在其子孙，光远而自他有耀者也……若在异国，必姜姓也。姜，大岳之后也。山岳则配天，物莫能两大。陈衰，此其昌乎”？

也就是说这个孩子将来会成就大业，如果不是在陈国，也一定会在别的国家大有作为，若不是他本人，也一定会是他的子孙，并且这个别的国家必是姜姓的国家。

周朝史官断卦的依据是《观》卦为《坤》在下，《巽》在上，本卦《观》卦中的六四爻变动为九四爻就成了之卦《否》卦（䷋），《否》卦是《坤》在下，《乾》在上。《坤》（☷）象土，《巽》（☴）象风，《乾》（☰）象天，这一变动从易象上便成了“风为天于土上”（风变化为天并且位于土的上面）；《否》的上卦是《乾》，为天，其内部的二三四爻互卦为《艮》卦（☶），是山之象，三四五爻互卦为《巽》卦（☴），有木之象，因而说“有山之材而照之以天光”（山上生长木材而且得到天光的照耀）；而《巽》卦又有风之象，风行疾而远，因而政局变动的结果还需要经过一个较长过程才能显现出来。

那么，为什么这个国家必定是姜姓呢？因为《观》卦变《否》卦为六四爻动，六四爻纳干支为辛未，未为羊，巽为女，女乘羊，所以为姜姓。

后来，陈国灭亡后，陈国国君的后代到了齐国（姜姓的国家），发展壮大，得以主政。《左传·庄公二十二年》记载：“及陈之初亡也，陈桓子始大于齐，其后亡也，陈子得政。”就是说的这个事情。

又如《左传·僖公十五年》记载，晋献公让史苏占筮，问把女儿伯姬嫁给秦穆公将会如何，得到《归妹》卦变《睽》卦。史苏根据占卦的结果认为晋献公把女儿嫁给秦穆公是不利于晋国的。他说根据爻辞来看不吉利，因为爻辞说女子顶着的筐里面没有东西，男子宰杀的羊不见血流出来，都没有好处，所以秦国的话是不可信的。他又说从卦象上看，本卦是《归妹》（䷵），由《兑》与《震》两个经卦组成，《兑》（☱）下《震》（☳）上，是雷在外而泽在内，为“雷击泽”；而变卦是《睽》（䷥），为《兑》下《离》（☲）上，卦象变成了火在上而泽在下，是火焚泽。内卦象征本国，也就是晋国，而外卦象征秦国。从本卦与之卦的卦象看，都是外损内，对晋国都不利。史苏虽然根据卦爻辞和卦象做出了如此明确的解说，但是晋献公还是把女儿嫁到了秦国。事情发展的结果确如史苏所言。

当然，先秦文献中也有关于史官用《周易》解说现实问题，因脱离实际、拘泥于卦象或卦爻辞而造成谬误的记载。

据《国语·晋语四》记载，晋国公子重耳（也就是后来成为春秋五霸①之一的晋文公）想依靠秦国的帮助重返晋国夺取政权。对于这件事他拿不定主意，卜了一卦，得《屯》卦变《豫》卦。筮史看了卦后都说不吉利，他们可能是从卦象上进行了分析。《屯》卦（☳）的内卦《震》为车，外卦《坎》（☵）为险陷，有车行遇险陷

① 从公元前770年到公元前476年，是中国历史上的春秋时期。这一时期，周朝天子失去了往日的权威，一些强大的诸侯国为了争做霸主，互相征战，先后称霸的五个诸侯叫作“春秋五霸”。春秋五霸主要有两种说法，一种说法是齐桓公、宋襄公、晋文公、秦穆公和楚庄王，另一种说法是齐桓公、晋文公、楚庄王、吴王阖闾、越王勾践。

之象，所以都说闭塞不畅通，恐怕事情行不通。而司空季子却说吉利，因为《屯》卦和《豫》卦（䷏）的卦辞都说“利建侯”（有利于封建诸侯），这就是说可以在秦国的帮助下重返晋国建立功业。事实也证明司空季子所言正确。

又如《左传·襄公九年》记载，鲁宣公的妻子、鲁成公的母亲穆姜，与大夫叔孙侨如淫乱无德。成公十六年（前575，周简王十一年），叔孙侨如与穆姜阴谋推翻鲁成公，结果失败，穆姜因此被迁东宫。穆姜刚开始被迁到东宫的时候，她去找史官进行占筮，得到《艮》之八，史官根据之卦《随》卦（䷐）名的意思解释说：“这叫作《艮》之《随》。随，是出行的意思。您一定会很快出去。”穆姜说：“不会的！这卦在《周易》里说‘随，元、亨、利、贞，没有灾祸。’‘元，是众善的首长；亨，是嘉美的会合；利，是道义的总和；贞，是事物的主干。体行仁道就足以领导别人，美好的德行就足以协调礼仪规范，有利于万物就足以合乎道义，贞正固守就足以干成事业。'因此，世事是不可以欺骗的，这样才能得到《随》卦而没有灾祸。现在我作为妇人参与了动乱，本来地位低下而又不行仁德之事，不能说是'元'；使国家不安宁，不能说是'亨'；做了事情而有害于自身，不能说是'利'；丢弃自己的妇道本分而以美色诱人，不能说是'贞'。具有元、亨、利、贞四种德行的人，得到《随》卦才可以没有灾祸。而我什么德行都没有，岂能符合于《随》卦卦辞呢？我就是自取恶果，能没有灾祸吗！我一定会死在这里，不能出去了！"事情的发展确如穆姜所言，她最终（前564）死在了东宫里。

先秦时期，史官不仅用《周易》来分析解释问题，有时也依据《周易》卦爻辞的历史变革思想，评论历史和现实生活中的各种事件，分析事件发展的趋势，从而对社会生活产生重要影响。例如《左传·昭公三十二年》记载，鲁昭公被季孙氏赶出，住在乾侯，结果死在那里。赵简子问史墨说："季孙氏将他的国君赶走了，然而老百姓都服从他的管理，诸侯们都继续和他交往，他的国君最后死在了外面，而人们并不认为这是他的罪过，这是为什么呢?”史墨引用《周易》中《大壮》卦的解释说这是天道，把社会变动时期君臣地位改变看作天经地义的事，是“天之道也”。这表明《周易》的历史变革思想对于当时史官认识历史变动时期的社会现象有指导意义。

在先秦时期，不只是史官，一些思想家、军事家、政治家以及其他一些社会上层人士，也都是通过《周易》来解释一些重大事件，做出选择。例如《左传·宣公十二年》记载，晋国的彘子违反中军统帅桓子的部署擅自出兵，知庄子根据《师》卦的初六爻辞“师出以律，否臧凶”（军队出动要有纪律约束，纪律不好是很凶险的）为依据推论说彘子违反军队纪律必然失败而招祸。

当然，也有不少执政者虽然自己依据《周易》对事件进行分析，但最后还是要请史官来决断取舍。如鲁昭公七年，卫襄公去世，在立继位人问题上，大夫孔成子难以自行决断，因此占了一卦，得《屯》之《比》卦。孔成子对以《周易》占筮所得到的《屯》卦（䷂）之《比》卦（䷇）中“元亨”隐含的意义提出了自己的想法，他认为“元”的意思应该是“长”，即卫襄公的长子孟絷，但史朝认为“元”的意思应该是指卫襄公的次子元。史朝解释说：

> “元亨”，又何疑焉？……康叔名之，可谓长矣。孟非人也，将不列于宗，不可谓长。且其爻曰“利建侯”。嗣吉，何建？建非嗣也。二卦皆云，子其建之。康叔命之，二卦告之。筮袭于梦，武王所用也，弗从何为？弱足者居，侯主社稷，临祭祀，奉民人，事鬼神，从会朝，又焉得居？各以所利，不亦可乎？（《左传·昭公七年》）

元将享有国家，还有什么可怀疑的呢？康叔起的名字，可以说元就是长了。孟絷不是这样的人，他将不能名列宗主，不能说他是长，而且它的爻辞说“利建侯”，若是孟絷嗣位而吉利，还建立什么侯？建立侯当然就不是嗣位。两次卦象都这么说，您还是立他为好。康叔命令了我们，两次卦象也告诉了我们。占筮和梦境完全相合，这是武王所经历过的，不听从还能做什么？脚有毛病只适合待在家里闲居。国君要主持国家，亲临祭祀，奉养百姓，事奉鬼神，参加会见朝觐，又怎么能够闲居？让他们两人各自按照对他们有利的去做，不也可以吗？

孔成子虽有自己的见解，最后还是按照史朝的解释打消了疑虑，做出决断，立了卫灵公。

先秦史官掌管《周易》、精通《周易》，用《周易》的卦爻辞和卦象解释分析卜筮的结果，进而分析说明事件的发展变化，一方面为自己的解说寻求了理论依据，另一方面也对《周易》的发展起了促进的作用，丰富了《周易》的内容和思想。

第二章 《周易》中的史学

《周易》虽然不是一部专门的史学著作，但其中保存了中国古代多方面的珍贵史料，特别是反映商周之际历史变革的材料，具有一定的史料价值。清代学者章学诚在《文史通义》中说："六经皆史也。"就实际情况而言，儒家的《诗》《书》《礼》《乐》《易》《春秋》（其中《乐经》已失传，所以通常称"五经"）六部经典，除《春秋》以外，都不是严格意义上的史学著作。章学诚之所以这样说，是因为这六部儒家经典在一定程度上都具有史料和史学价值。《周易》的经文和传文特别是传文当中蕴含着丰富的史学内容，几乎涉及了政治、军事、经济以及社会生活等各方面的事情，其中也记述了一些历史上曾经发生过的重大事件，多少反映了一些上古社会的情况，因此《周易》被有些人视为史学著作。

一、《周易》经文中的历史故事

《周易》在很多方面反映了商周之际社会状况和人们的精神风貌，记录了当时人们所掌握的历史知识、科学知识、政治伦理知识以及哲理性的生活知识。《周易》经文中关于商周之际的历史故事，主要有王亥丧牛羊于易的故事、高宗伐鬼方的故事、帝乙归妹的故事、箕子明夷的故事、康侯用锡（赐）马蕃庶的故事等。

（一）王亥丧牛丧羊于易

《大壮》六五：

丧羊于易，无悔。

《旅》上九：

鸟焚其巢，旅人先笑后号咷，丧牛于易，凶。

这两卦当中所记载的“丧羊”和“丧牛”于“易”的故事，是商朝初期一个著名的掌故，二者同属于一个历史事件，是讲夏朝衰落、商朝兴起之际，商朝人的先祖王亥在有易国被杀失去牛羊的故事。有易国的位置，王国维先生认为：

其国当在大河之北，或在易水左右。

王亥在商朝人心目中是一位英雄人物，对当时畜牧业的发展有较大贡献。商朝建立后，商王室在祭祀先公先王时常以王亥为首，祭祀仪式很隆重。王亥曾放牧和贩运牛羊于有易国，后来在有易国遭遇了“丧羊”和“丧牛”的事情，落得了先笑而后大哭的下场。

对于这一结果，《大壮》之所以说“无悔”，有学者认为这是因为王亥遇害的个人遭遇变成了商族的民族耻辱，引起了商族的兴师复仇而使商族走上了兴盛之路。王亥的儿子与河伯联合，将有易族一举剿灭，使商族从此迅速强盛起来。而《旅》之所以说“凶”，是因为就王亥个人而言，落个牛亡羊散、身遭杀戮的下场，是一件不吉利的事情。

关于王亥丧失牛羊于有易的故事，在中国古代其他历史文献之中也有记载。如中国最古老的地理书《山海经·大荒经》说：“有个叫王亥的人，手操两鸟，在一个叫有易的地方游牧，获利很大，有易这个地方的人非常羡慕，于是杀了王亥，抢走了他的牛羊。”

《山海经》所说王亥手操两鸟，与商族的鸟图腾有关，甲骨文中的“亥”字常冠以鸟形。此外，《楚辞·天问》《吕氏春秋·勿躬》《世本·作篇》《竹书纪年》中都有关于王亥的记载。殷墟甲骨卜辞中也有很多关于王亥的记载。

据统计，王亥见于甲骨著录的共有八片、卜辞十条。卜辞中称王亥为高祖亥，或称高祖王亥，或称王亥。历史文献和甲骨文的记载与《周易》经文的描述相互印证，为研究夏商时期的文化提供了一些珍贵的信息和资料。

（二）高宗伐鬼方

《既济》九三：

高宗伐鬼方，三年克之，小人勿用。

《未济》九四：

贞吉，悔亡，震用伐鬼方，三年有赏于大国。

这里的“高宗”是商王武丁的庙号。庙号是中国古代帝王死后在太庙里立室奉祀时追尊的名号，如高祖、太宗等。庙号常用“祖”字或“宗”字，开国皇帝一般被称为“太祖”或“高祖”，后面继任的皇帝一般被称为“宗”。一般认

殷高宗　武丁

为，庙号起源于商朝，如太甲为太宗、太戊为中宗、武丁为高宗。庙号最初非常严格，按照“祖有功而宗有德”的标准，开国君主一般称祖、继嗣君主有治国才能者称宗。庙号的选字虽然并不参照谥法，但是也有褒贬之意。“鬼方”为中国古代西北地区的一个部落。

这两卦爻辞所描述的史实在事件的内容、对象及过程所需的时间有很大的一致性，反映了商王武丁时期讨伐鬼方的历史史实。

《既济》卦（䷾）讲述的是商王武丁讨伐鬼方，用了三年的时间战胜了鬼方，要切勿任用奸佞小人，以防这些小人断送了来之不易的事业，意在阐明成功的取得非常艰难，要注意防微杜渐。

《未济》卦（䷿）讲述的是用三年的时间打败鬼方，从大国那里得到奖赏，很吉利，悔恨没有了，反映的可能是商朝的附属国或军队将领讨伐鬼方的事件，意在阐明在事业成功后得到的回报，用胜利的前景来激励正在为成功而奋战的人们。

从甲骨文和《竹书纪年》等文献的记载来看，武丁伐鬼方确有其事。武丁平定鬼方是商朝时期的一个重大事件。鬼方在商的西北，是一个包含多部落的以游牧为主的部落联合体，势力比较强大。鬼方的活动范围大致在今天汾河谷地平原及其以北至太行山一带，汾河谷地平原是其宗主部所在地。

鬼方在武丁前期经常入侵商朝的边地，有时单独行动，有时联合其他方国入侵，大肆掳掠财物。商王对鬼方的活动非常关心，卜辞经常有关于鬼方的记载。鬼方的入侵，不仅破坏了边地居民的农业生产及社会安宁，而且严重威胁着商朝的统治。于是，商王武丁调兵遣将，对鬼方进行了长时间大规模的征伐。据对甲骨卜辞中商朝征伐鬼方的次数统计，商朝主动伐鬼方一百七十次，征鬼方十九次，围鬼方五次。武丁对鬼方的用兵少则三千，多时则达五千。武丁平定鬼方以后，鬼方臣属于商朝。武丁将鬼方归降的部落迁至距商朝都城不远处就近监督。

武丁平定鬼方，对商西部及西北部的方国部落震动很大。根据《竹书纪年》的记载，在此之后，西北地区的氐、羌部落主动前来表示臣服。

（三）帝乙归妹

《泰》六五：

帝乙归妹，以祉元吉。

《归妹》六五：

帝乙归妹，其君之袂不如其娣之袂良，月几望，吉。

卦中的帝乙是商代著名的贤明君主和纣王的父亲。卦中“归”的意思是“嫁”，“妹”的意思是“少女”，“归妹”是嫁出少女的意思，“帝乙归妹”的意思是帝乙将帝女下嫁于臣。

《周易》经文中这两卦爻辞所记载的事件是指商王帝乙将女嫁给周文王，从侧面反映了商末的商周关系。

《泰》卦（䷊）所讲述的是一种天地相交而万物相通、上下相交而其志相同的通泰时局，正好符合帝乙嫁女于贤臣的情状，爻辞意在用这一史实说明君臣同心同德、相爱相亲是营造通泰时局的基础。

《归妹》卦（䷵）是说帝乙的女儿下嫁之后，

周文王

虽为正室，但其衣饰还不如侧室华美，但其贤德已近于将圆满的月亮，很吉利。这是称赞帝女贵而能谦、美盛不盈的妇德。

关于商末的商周关系，据文献的记载可知，商王文丁时，曾任命其邦国周的季历（周文王的父亲）为商朝牧师，但不久又将季历杀死，此后商周双方关系相当紧张。

周文王即位后，为报杀父之仇，于帝乙二年伐商。虽然当时周人的力量与商人相比还是很弱的，但对商王室来说，也是不可小觑的。当时帝乙正在对东方用兵，再加之商王室内部矛盾重重，在这种形势下，帝乙便用联姻的方法来调整周与商的关系，将少女嫁给周文王。帝乙的这种策略不仅笼络了周人，而且在一定程度上也能缓解用兵东方的后顾之忧。关于帝乙归妹的历史史实，《诗经·大明》[①] 中对其场景有较为详细的记载：

挚仲氏任，自彼殷商，来嫁于周，曰嫔于京。乃及王季，维德之行。大任有身，生此文王。维此文王，小心翼翼。昭事上帝，

① 《诗经》是中国第一部诗歌总集，收入自西周初年至春秋中叶五百多年的诗歌三百一十一篇，现存三百零五篇，先秦时称之为《诗》，或取其整数称《诗三百》。西汉时被尊为儒家经典，始称《诗经》，并沿用至今。《诗经》中的诗，当时都是配乐而歌的歌词，按用途和音乐分“风”“雅”“颂”三部分，其中的“风”主要是当时各地方的民间歌谣，“雅”大部分是贵族士大夫的作品，“颂”是周天子和诸侯用以祭祀宗庙的颂辞。

聿怀多福。厥德不回，以受方国。天监在下，有命既集。文王初载，天作之合。在洽之阳，在渭之涘。文王嘉止，大邦有子。大邦有子，伣天之妹。文定厥祥，亲迎于渭。造舟为梁，不显其光。有命自天，命此文王。于周于京，缵女维莘。长子维行，笃生武王。保右命尔，燮伐大商。

从这段记载来看，王季之妃太任也是由殷商娶来的，她是文王的母亲。对于这段记载，顾颉刚先生认为，周称殷商屡曰“大邦”，自称则曰“小邦”，因此诗中所谓“大邦”是指殷商。

“大邦有子，伣天之妹”的意思是说“这个大邦之女仿佛天的少女一般”，“伣天之妹”与“帝乙归妹”一语意义相符，文王与帝乙是同一时代的人，帝乙嫁女于他，时代恰合，这件事是可能的。对于文中所说文王娶妻的情形，又说武王之母是莘国之女。顾颉刚先生认为，周在文王时已很强大，若娶的是莘女，则国家地位平等，不必有如此尊崇之情，“缵女维莘”“笃生武王”，是说大邦之子或死或大归，而后文王续娶于莘，生武王。

（四）箕子明夷

《明夷》六五：

箕子之明夷，利贞。

这里讲述的是商朝旧臣箕子佯狂为奴的故事。《明夷》卦说，昏君当道之时，光明受到损伤，贤臣应知难守正，自晦其明。

箕子名胥余，是商王文丁的儿子、帝乙的弟弟、纣王的叔父，官为太师，封于箕（今山西太谷、榆社一带）。

商纣王淫逸无度，国家昏暗，险象环生。箕子眼看国势倾危，曾劝谏纣王，纣王不但不听，反而把他囚禁了。

有人劝箕子说："你可以离开不管了。"箕子说："作为君主的臣子，向君主进谏，君主不听就离他而去，这是彰显君主的过失而取悦于平民的做法，我不忍心这么做。”

但是箕子明白如果再直言劝谏商纣王，必招杀身之祸，他既想远离祸端又不忍抛弃他的国家，所以只好把自己的一切聪明才智藏起来，披头散发，佯狂为奴以自晦其明，全身待时，表现出一种至诚至明的隐忍与坚持，这样才免去了杀身之祸。

周武王克商以后，命令释放了箕子，并向箕子询问怎样顺应天命来治理国家。箕子于是便将《洪范·九畴》讲给武王听。武王听后，十分钦佩，就想请箕子帮助自己治理国家。但箕子早对微子说过：

> 商其沦丧，我罔为臣仆。（《尚书·微子》）

箕子不愿做周朝的臣民，因此不肯答应武王的要求。箕子没有煽动商朝遗民对周朝的仇恨，而是率领一些和他一样不愿做周朝臣民的人迁徙朝鲜，与朝鲜半岛的土著一起建立了“箕氏侯国”，并得到了周武王的承认，史称“箕子朝鲜”。

（五）康侯用赐马蕃庶

《晋》卦卦辞：

康侯用锡（赐）马蕃庶，昼日三接。

对于卦辞中的“康侯”是谁，历来意见不一。有人认为是指能够治国安民的诸侯，也有人认为是指周武王的弟弟卫康叔，因为他封于康，所以叫作“康侯”，这和伯禽封于鲁而称“鲁侯”一样，又因他是武王的弟弟，所以叫作“康叔”，这与“管叔”“蔡叔”们的名号一样。

对于卦辞的理解，即使是认为康侯为周武王的弟弟卫康叔的人也颇不一样，有人认为这句卦辞是说周朝初年卫康叔用周王赏赐的马发展畜牧业，得到了众多的马匹，很是繁荣富庶。也有人认为这句卦辞是说卫康叔带着周王赏赐的马匹到他的封地建立藩属国，像藩篱一样拱卫周朝。

周朝初年实施宗法制和分封制。宗法制是以宗族血缘关系为纽带来处理宗族内部成员间的亲疏、等级和世袭权力的制度，它与国家制度相结合，用以维护贵族的世袭统治和政治秩序。分封制是由共主或中央王朝给王室成员、贵族和功臣分封领地建立政权的制度。宗法制是实行分封制的理论基础。

周王将土地分封给亲戚功臣，让他们在各自的土地上建立国家，构筑一道像藩篱一样的屏障，来捍卫周王作为天下共主的权威。

周王把土地和人口封给诸侯，叫作“建国”；诸侯再把土地和人口封给卿大夫，叫作“立家”。经过层层分封，形成了金字塔形状的“封建”体制，处在底层的是庶民，处在中间层的是士、卿大夫、诸侯，位于最上层的是周王。

根据史书记载，康侯是周武王的弟弟卫康叔。周朝建立以后，康叔被封于以朝歌为中心的商朝故地，建立卫国，以控制商朝遗民。康叔治国有方，百姓非常高兴，他也深受百姓爱戴。后来康叔做了周朝的司寇，周王给他很多赏赐，以表彰他的德行。

《晋》卦卦辞中所描述的情形可能是康叔受命前往封国，广施德政，受到周王器重和表彰的热烈场面。也有人认为康叔封于卫是在成王时，周公平定武庚和三监之后。

“康侯用锡马蕃庶”，要经过相当长的时间才能把马繁殖起来，“康侯”一名，或许只代表卫侯，不一定指康叔本人。

（六）周王祭祀于西山

《随》（䷐）上六：

拘系之，乃从维之，王用亨于西山。

《升》（䷭）六四：

王用亨于岐山，吉，无咎。

这两卦是讲周王在岐山祭祀社稷、神祇的故事。周族早期居住于豳地，在古公父时期为了躲避戎狄的侵扰，举族迁至岐山的南边。经过历代努力，周族逐渐积累起强大的经济及军事实力，到周文王时已经形成了“三分天下有其二”的格局。岐山实际上已经成为周族的发祥地和祖先功业的精神象征。

“西山”是周代对“岐山”的习惯称谓。周人之所以有时称“岐山”为“西山”而不直接称“岐山”，是因为随着周族的领土大幅度东扩，与岐山已经拉开了一定距离。周武王在《牧誓》中就称周人为“西土之人”。

《随》卦（䷐）的卦象具有以己随人、欣然相从之意，是在探讨追随的对象及态度问题。其中上六爻所强调的是周文王对祖先励精图治的创业精神的热爱、诚敬和追随。

《升》卦（䷭）的卦象体现的是木生地下、升进之势不可遏抑的有利环境，意在阐发顺应事业发展环境所应具备的条件及态度。其中六四爻强调的是祖先的业绩和精神为周族的崛起和发展提供了坚实的基础和巨大的推动力。

从《周易》经文中所记载的这些历史史实和作用可以看出，经文中的史实是《周易》作者为了阐发卦意爻情而运用的一种修辞手段，不具有史书那样记载历史史实的性质，但是《周易》经文所包含的史实在一定程度上也向人们展现了一些当时重大的历史事件，证明了史书记载的真实性，也在一定程度上弥补了先秦史资料的不足。

二、《周易》经文中的社会史资料

《周易》经文中除了记载一些重大的历史事件外，有关商周时期社会史的史料也不少，反映了商周之际到西周时期人们社会生活的历史面貌，生动体现了当时人们游牧生活和农业生产等多方面的情形，展示了当时人们在物质生产、社会生活等方面的知识和精神面貌。

（一）渔猎生活

《周易》经文产生的时代是由渔猎、畜牧转化到农业的时代，渔猎和畜牧是当时社会生活的基调，这在《周易》经文的卦爻辞中多有反映，如《屯》卦（䷂）六三爻辞：

> 即鹿无虞，惟入于林中；君子几，不如舍，往吝。

追猎鹿由于没有管理山泽的官员做向导，结果鹿跑进了山林中。君子应当见机行事，此时不如舍弃追逐，如果继续前追会很艰难。

《比》卦（䷇）九五爻辞：

> 王用三驱，失前禽。

君王打猎时从三面包围驱赶，放开一面，放走面对自己跑过来的禽兽。

《噬嗑》卦（䷔）九四爻辞：

噬干胏，得金矢。

咀嚼带骨头的干肉，咬得了金属箭头。

《剥》卦（䷖）六五爻辞：

贯鱼，以宫人宠。

像贯穿的鱼一样，宫妃们逐一得到君王的宠幸。

《明夷》卦（䷣）九三爻辞：

明夷于南狩，得其大首。

光明消失时到南郊狩猎，大有收获。

《解》卦（䷧）九二爻辞：

田获三狐，得黄矢。

田野打猎获得三只狐狸，得到一支黄箭头。

《解》卦上六爻辞：

公用射隼于高墉之上，获之。

王公在高高的城墙上射隼，捕获了它。

《井》卦（䷯）九二爻辞：

井谷射鲋。

井底射小鱼。

《旅》卦（䷷）六五爻辞：

射雉，一矢亡。

射野鸡，一箭射中。

《巽》卦（䷸）六四爻辞：

田获三品。

田猎时获得了多种禽兽。

《小过》卦（䷽）六五爻辞：

公弋取彼在穴。

王公用带绳的利箭去射取洞穴中的猎物。

以上事例讲述的是当时的渔猎生活，是关于渔猎经验的总结。像这样有关渔猎的文句在《周易》经文中很多。

（二）畜牧生活

关于畜牧业，《周易》经文多有记载。如《睽》卦（䷥）初九爻辞：

丧马勿逐，自复。

跑丢的马不要去追，自己会回来。

《无妄》卦（䷘）六三爻辞：

或系之牛，行人之得，邑人之灾。

就像拴系着的一头牛，被过路人顺手牵走，住在附近村庄的人就会被怀疑是偷牛的贼而蒙受冤枉。

《大壮》卦（䷡）九三爻辞：

羝羊触藩，羸其角。

公羊抵撞篱笆，羊角被卡在篱笆上。

《大壮》卦九四爻辞：

藩决不羸，壮于大舆之輹。

篱笆出现了缺口，羊角从篱笆中解脱出来，比大车的车轮还坚固。

《大壮》卦六五爻辞：

丧羊于易。

在易地丢失了羊。

《大壮》卦上六爻辞：

羝羊触藩，不能退，不能遂。

公羊抵撞篱笆，不能后退，不能前进。

《晋》卦（䷢）卦辞：

康侯用锡马。

康侯用周王赏赐的马。

《睽》卦上九爻辞：

见豕负涂。

看见猪背上沾满了泥巴。

《夬》卦（䷪）九四爻辞：

牵羊悔亡。

牵着羊行走，不会出现令人后悔的事。

《中孚》卦（䷼）六四爻辞：

月几望，马匹亡。

月亮接近圆的时候，马匹跑丢了。

以上事例表现了当时的牧畜生活，是关于畜牧经验的总结。此外，《周易》中还有不少的马牛豕羊等字样，说明当时的畜牧饲养业很发达。《周易》经文的卦爻辞中也有一些反映当时农业生产的资料，《大畜》《小畜》《恒》《无妄》《大有》等卦反映了当时农业生产和丰收后的一些情况，是当时农业经验的总结。如《无妄》卦（䷘）六二爻辞说：

不耕获，不菑畬。

不妄想刚开始耕作时就立刻获得丰收，不妄想荒地刚开垦一年时就立即变成良田。

（三）日常生活

《周易》经文当中有很多关于当时日常生活的史料，包括商旅（交通）、饮食、器用、工艺、居处及家庭生活、婚媾、生育、疾病等。

《旅》《需》《丰》《震》《复》等是关于商旅经验的总结。如《旅》卦六二爻辞：

> 旅即次，怀其资，得童仆。

旅行者入住客舍，怀中揣着他的钱财，得到忠实的童仆。

《旅》卦九三爻辞：

> 旅焚其次，丧其童仆。

旅行者入住的客舍被火烧掉，他的童仆丢失了。

《周易》经文当中有“涉大川”（渡过大河）字样十余处，可见渡河在当时生活中的重要性。

关于渡河的工具，《泰》卦九二爻辞说“包荒用冯河不遐遗”。“包荒”是匏瓜（大葫芦），“冯”是徒步涉河，就是说大葫芦可以用来帮助渡河，不会使人沉溺水中，是行旅渡河的重要工具。

《周易》经文当中有很多关于宫室、衣履、器用等名物的爻辞。如《需》卦（䷄）六四爻辞：

> 需于血，出自穴。

在沟洫中等待，从洞穴中出来。

《需》卦上六爻辞：

> 入于穴，有不速之客三人来。

进入洞穴，有三位没有受到邀请的客人到来。

《困》卦（䷮）初六爻辞：

> 困于株木，入于幽谷。

受困于树木，进入幽深的山谷。

《困》卦六三爻辞：

困于石，据于蒺藜，入于其宫，不见其妻。

受困于石头，处在蒺藜之中，回到自己的宫室，看不到自己的妻子。

《鼎》卦（䷱）上九爻辞：

鼎玉铉，大吉，无不利。

鼎上配有玉饰的铉，十分吉祥，没有什么不利。

从这些爻辞可以看出当时还存在穴居和构巢等原始的习俗，穴居野外的习惯还未完全废掉。从《周易》经文中可以看出，当时的衣履有黄裳、繻、履、朱绂、赤绂、袂等。当然，衣履的材料基本上应该是革木、兽毛、草索之类。器用有土器、石器、草器、木器、革器、金器等，如缶、瓶、瓮、匕、鼎、圭、斧、车、舆、鼓、囊、金矢、簋等。

从这些爻辞的记载也可以看出当时已经出现了金属工具，金属工具对历史发展的促进作用是巨大的。在金属工具的推动下，农业和畜牧业有了新的显著的进步。同时，手工业发展起来了。手工业的发展，使制作技术日益完善和精巧，产品日益多样化，这些在《周易》经文里都有所体现。

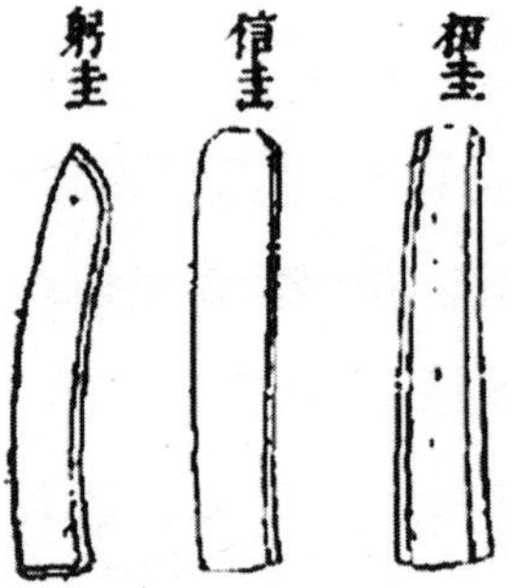

圭

石斧

车

铜簋

（四）婚姻家庭生活

婚姻是家庭生活的重要组成部分，《周易》经文当中有很多关于当时婚姻的内容，如《蒙》卦（䷃）六三爻辞：

> 勿用取女，见金夫，不有躬，无攸利。

不要娶这个女子，她见到富有的男子，就会忘记了体统，没有益处。显然这是对婚嫁经验的总结。

《屯》卦（䷂）六二爻辞：

> 屯如邅如，乘马班如。匪寇婚媾，女子贞不字，十年乃字。

创始艰难，彷徨不前。乘马的人就地盘旋，他们不是贼寇，而是求婚者。女子守正不嫁，过了十年才出嫁。此爻辞意谓女子当值婚嫁之时，却困难重重，故不应轻动，而宜守正待时，等到各种不利因素消除以后，方可喜结连理。这也是对婚嫁经验的总结。

《小畜》卦（☴☰）九三爻辞：

舆说辐，夫妻反目。

车子失去轮辐，夫妻相互敌视。

《大过》卦（☱☴）九二爻辞：

枯杨生稊，老夫得其女妻。

枯萎的杨树长出新的枝芽，老年男子娶了位年轻的妻子。

《大过》卦九五爻辞：

枯杨生华，老妇得其士夫。

枯萎的杨树开了花，老妇嫁给了年轻的丈夫。

《渐》卦（☴☶）九三爻辞：

鸿渐于陆，夫征不复，妇孕不育。

大雁渐渐飞到高地上，男子出征不能复回，女子怀孕不能生育。

《屯》卦（䷂）六四爻辞：

乘马班如，求婚媾。

骑着马徘徊不前，想求得婚配。

《贲》卦（䷕）六四爻辞：

贲如皤如，白马翰如，匪寇婚媾。

文饰得浑身洁白，骑的白马轻捷出众，不是作强盗而是求婚配。

《睽》卦（䷥）上九爻辞：

先张之弧，后说之弧，匪寇婚媾。

先张开弓，后又放下弓，不是盗寇，是求婚的。

《咸》卦（䷞）辞：

亨，利贞，取女吉。

亨通顺利，宜于守正，娶此女吉祥。

《姤》卦（䷫）辞：

女壮，勿用取女。

女子强壮，不宜娶这个女子。

《鼎》卦（䷱）初六爻辞：

得妾，以其子。

得以立为妾室，是因为她的孩子。

这些事例都是关于婚姻家庭的。从这些卦爻辞中可以看出当时的男子可以娶妻并且蓄妾，女子可以出嫁并且媵嫁。《周易》经文中有三处“匪寇婚媾”的字样，说明当时可能还存在抢婚的遗俗。

（五）政治生活

在政治生活方面，《周易》经文也多有体现。当时生产日渐发达，私有财产已经出现，为保护这私有财产权的安定，国家产生，政权确立。由于社会等级的不同，不同的人有不同的称谓，如天子、王、大君、国君、公、侯、武人、臣、史巫等在《周易》经文中都有记载，如《大有》卦（䷍）九三爻辞：

公用亨于天子。

公侯向天子进献贡品。

《观》卦（䷓）六四爻辞：

观国之光，利用宾于王。

能观察国家大事，利于成为王的宾客。

《师》卦（䷆）上六爻辞：

大君有命，开国承家。

君主发布命令，立诸侯国，传承世家。

《复》卦（䷗）上六爻辞：

用行师，终有大败，以其国君凶，至于十年不克征。

用以行军作战，最终将有大败，以致国君遭遇凶险，至于十年不能出兵征战。

《益》卦（䷩）六四爻辞：

中行，告公从，利用为依迁国。

从道路正中间行走，告诉王公请他认从，适宜作为迁移国家的依据。

《屯》卦（䷂）辞：

利建侯。

利于封建诸侯。

《履》卦（䷉）六三爻辞：

武人为于大君。

勇武的军人为国君所用。

《蹇》卦（䷦）六二爻辞：

王臣蹇蹇，匪躬之故。

君王的臣子历尽重重险难，但不是为了自身的缘故。

《巽》卦（䷸）九二爻辞：

巽在床下，用史巫纷若。

筮人顺从地居于床边下，用众多祝史、巫觋来祈福驱灾。

中国古代国家的大事主要是祭祀和军事，这一点在《周易》经文中表现得很明显。《周易》经文中有关于祭祀的记载，如《随》卦（䷐）上六爻辞：

王用亨于西山。

君王在西山进行享祀。

《损》卦（䷨）卦辞：

二簋可用享。

用二簋食物可以享祀神灵。

《益》卦（䷩）六二爻辞：

王用享于帝。

君王对上帝进行享祭。

《萃》卦辞：

王假有庙……用大牲吉。

君王到宗庙祭祀……用牛羊等大的牺牲来祭祀吉利。

《升》卦（䷭）六四爻辞：

王用亨于岐山。

君王在岐山进行享祀。

《困》卦（䷮）九五爻辞：

乃徐有说，利用祭祀。

于是慢慢摆脱，利于举行祭祀。

《既济》卦（䷾）九五爻辞：

东邻杀牛，不如西邻之禴祭。

东边的邻国杀牛举行盛大的祭祀，不如西边的邻国进行简单的祭祀。

从这些明显地表示祭祀的记载可见当时祭祀的重要。从记载当中可以看出在当时好像还有人牲供祭的习俗存在。

《周易》经文中有关于军事的记载。如《师》卦初六爻辞：

> 师出以律，否臧凶。

出兵作战要以纪律约束进退，否则即使顺利也会有凶险。

《师》卦（䷆）九二爻辞：

> 在师中……王三锡命。

统率军队，守持中道……君王多次赐命嘉奖。

《师》卦六五爻辞：

> 长子帅师，弟子舆尸。

刚正长者可以率兵出征，平庸小子必将载尸败归。

《泰》卦（䷊）上六爻辞：

城复于隍，勿用师。

城墙倒塌于城壕中，不要调用军队。

《同人》卦（䷌）九三爻辞：

伏戎于莽，升其高陵，三岁不兴。

伏兵于林莽之中，派人登上高的山岗观察形势，三年不能兴兵。

《同人》卦九四爻辞：

乘其墉，弗克攻。

登上城墙，不再继续进攻。

《同人》卦九五爻辞：

同人，先号咷而后笑，大师克相遇。

与人和同，先号啕大哭而后欢笑，大军克敌会师。

《谦》卦（䷎）六五爻辞：

不富以其邻，利用侵伐，无不利。

不以邻国使自己富强，利于一同出兵征伐，无所不利。

《谦》卦上六爻辞：

利用行师，征邑国。

利于出兵征讨邑国。

《豫》卦（䷏）辞：

利建侯，行师。

宜于建侯国，用兵作战。

《复》卦（䷗）上六爻辞：

迷复，凶，有灾眚。用行师，终有大败，以其国君凶，至于十年不克征。

入迷途而求复返，凶险，有内忧外患。用以行军作战，最终将有大败，以致国君遭遇凶险，至于十年不能出兵征战。

《离》卦（䷝）上九爻辞：

王用出征，有嘉折首，获匪其丑。

君王用兵出征，有令嘉奖折斩敌方首领的人，俘获的不是一般随从者。

《既济》卦（䷾）九三爻辞：

高宗伐鬼方，三年克之。

商朝高宗讨伐鬼方，经过三年取得胜利。

《未济》卦（䷿）九四爻辞：

震用伐鬼方，三年有赏于大国。

动用军队讨伐鬼方，经过三年，得到了大国的奖赏。

《周易》经文中有关军事和战争的文字之多，在其他各事项之上，由此可见当时战争的频繁和国家对军事的重视。

关于赏罚，《周易》经文中也有所记载，如《未济》卦九四爻辞：

震用伐鬼方，三年有赏于大国。

动用军队讨伐鬼方，经过三年，得到了大国的奖赏。

《蒙》卦（䷃）初六爻辞：

利用刑人，用说桎梏。

适合于使用受刑的人，脱去他的手铐脚镣。

《噬嗑》卦（䷔）卦辞：

亨，利用狱。

亨通，有利于处理刑狱案件。

《噬嗑》卦初九爻辞：

屦校灭趾。

脚上套上了刑具而遮没了脚趾。

《噬嗑》卦上九爻辞：

何校灭耳。

戴上木枷，遮没了耳朵。

《坎》卦（☵）上六爻辞：

系用徽纆，置于丛棘。

用黑色绳索捆绑，置于监狱之中。

《睽》卦（☲）六三爻辞：

见舆曳，其牛掣，其人天且劓。

看见车子被拖曳，驾车的牛被牵制，赶车人受到墨刑和劓刑。

《困》卦（☱）九五爻辞：

劓刖，困于赤绂。

割鼻断足的刑罚，困窘因赤绂而起。

从这些记载可知当时有监狱，用刑的工具有桎梏、徽纆，肉刑有劓、刖等。

三、《周易》传文中的历史故事

与《周易》经文中所包含的史料相比，《周易》传文中包含的历史资料更加丰富，有很多关于历史史实的记载，如包牺氏王天下始作八卦、神农氏作耒耜教天下、黄帝尧舜教化民众、文王与纣之事、文王蒙难、汤武革命、颜氏之子颜回等。对于史料相对缺乏的先秦史来说，特别是有关包牺氏、神农氏和黄帝尧舜等的记载，有弥足珍贵的史料价值。

（一）包牺氏始作八卦

《系辞下》说：

古者包牺氏之王天下也，仰则观象于天，俯则观法于地，观鸟兽之文与地之宜，近取诸身，远取诸物，于是始作八卦，以通神明

太昊伏羲氏

之德，以类万物之情。

包牺又被称作庖牺、伏羲、伏栖、宓羲，也称牺皇、皇羲。也有人说包牺即太昊，因为传说他有圣德，像日月之明，所以被称为太昊。传说包牺是中华民族的人文始祖，是中国文献记载中的最早的智者之一，对事物有着非常敏锐的观察力。作为中国古代华夏部落的杰出首领，包牺根据观察天地间的阴阳变化，创制了八卦，即以八种简单却寓意深刻的符号来概括天地之间的万事万物。《周易》传文的这段记载印证了这个传说的可信性。

根据传说和史籍记载，作为中华民族人类文明的始祖，包牺的主要功绩是教授民众制作网用于渔猎，同时教授民众驯养野兽；变革婚姻习俗，制定嫁娶的礼仪，倡导男聘女嫁的婚俗，将血缘婚改为了族外婚，结束了长期以来子女只知其母不知其父的原始群婚状态；创造书契用于记事，取代了以往结绳记事的形式；发明了陶埙、琴瑟等乐器，创作乐曲歌谣；将其统治地域分而治之，任命官员进行社会管理，为后代治理社会提供借鉴；创制古代历法，指导生产生活。

（二）农业的发明者——神农氏

《系辞下》说：

> 包牺氏没，神农氏作，斫木为耜，揉木为耒，耒耨之利，以教天下……日中为市，致天下之民，聚天下之货，交易而退，各得其所。

炎帝神农氏

神农氏是中国古代传说中农业和医药的发明者，是一个对中华民族有很多贡献的传奇人物，因为他发明农耕技术而被称为神农氏。根据史书和《周易》传文的这段记载可知，远古时期的民众过着采集和渔猎生活，神农氏发明制作了木耒、木耜，教会民众开垦荒地，播种五谷，汲水灌溉，进行农业生产，扩大了人们饮食的来源，反映了中国原始社会时期由采集和渔猎向农耕生产转变的情况。

传说神农氏为了发现药材，遍尝百草，教会

人们用草药医治疾病。相传神农氏死于试尝的毒草药。除了发明农耕技术和传授医术外，神农氏还制定了历法，改进水利灌溉技术等。神农氏设立集市，让大家把吃不完、用不了的食品和货物，每天中午拿到集市上去交换，从而出现了中国社会原始的商品交易。同时，他还发明了陶器，如陶盆、陶罐等，解决人们日常生活所需的用具；用麻织布，帮助人们抵御寒冷。神农氏时期，中国社会完成了从游牧到定居、从渔猎到田耕的历史转变，实现了从蒙昧到文明的过渡。

（三）黄帝与尧舜

《系辞下》说：

> 神农氏没，黄帝、尧、舜氏作，通其变，使民不倦，神而化之，使民宜之。……黄帝、尧、舜垂衣裳而天下治。

黄帝是传说中远古时代中华民族的共主，居于五帝之首，华夏族形成后被公认为全族的始祖。

黄帝轩辕氏

五帝是中国在夏朝以前出现在传说中的五位帝王。对于五帝具体是谁，史学家有不同的说法，较为常见说法是黄帝、颛顼、帝喾、唐尧、虞舜。关于五帝传说的分歧，是中国多民族发展的产物，它曲折地反映了中国古代民族融合的进步趋势。五帝时代距夏朝不远，在四千多年前。总体上来看，五帝都是部落首领，由于实力强大而成为部落联盟的领导者。

相传黄帝为中国远古时期的部落联盟首领，是少典的儿子，本姓公孙，长期居住在姬水，因而改姓姬，居所位于轩辕之丘，因而号轩辕氏。由于黄帝出生、创业和建都在有熊（今河南新郑），所以也称有熊氏。黄帝去世后葬于陕西桥山黄帝陵，因有土德的瑞兆，而土色黄，所以称为黄帝。

黄帝首先以统一中华民族的伟绩而载入史册。阪泉一战，黄帝战胜炎帝统一了华夏民族；涿鹿一战，黄帝战胜东夷的蚩尤，夺取了中原，引领古代华夏族由野蛮时代进入了文明时代。

相传黄帝播种百谷草木，大力发展生产，创造文字，教授人们制作衣冠，建造舟车，发明指南车，制定算数和音律，开创医学，等等，是承前启后的中华文明的先祖。

尧，相传为帝喾的儿子，名放勋，史称唐尧。尧最初的封地在陶，后又封于唐，所以后世称之为陶唐氏。尧领导各大氏族联盟共同努力战胜了自然灾害，平定了国内的叛乱，取得了天下百姓

尧帝陶唐氏

的拥护，成为中国原始社会末期的部落联盟首领。尧在位时有德政，遇到事情经常征求四岳[①]的意见，而且设立谤木，让平民可以发表意见，设立多项政权组织，要求荐举贤人，加以任用。传说尧曾设官员掌管天地时令，观测天象，制定历法，用鲧治水，征伐苗民，推行公平的刑法。尧实行上述措施，使得各部落和睦共处，友好交往，共

① 相传为中国尧舜时代的四方部落首领，主四岳之祭。

同组成了中原部落大联盟，出现了国家雏形。尧到年老时，由四岳十二牧[1]推举部落联盟首领继承人，大家一致推荐了舜。尧把自己的两个女儿嫁给了舜，又对他进行了长期的考察，最后才放心禅位于舜。

舜又称虞舜，传说国号为有虞，按先秦时代以国为氏的习惯，故称有虞氏。舜出生于姚墟，便以姚为姓，其后子孙便以地为氏，称为姚氏。相传舜的眼睛有双瞳因而取名“重华”。

舜大约生活于原始社会末期。相传舜的父亲瞽叟是个盲人，母亲很早便去世了。瞽叟续娶，继母生子名为象。舜生活在“父顽、母嚚、象傲”（父亲生性凶恶，继母刁蛮凶残，弟弟粗野傲慢）的家庭环境里，然而舜十分孝顺，对虐待、迫害他的父母坚守孝道，对弟弟十分友善，多年如一日。舜在家里人要加害他的时候，及时逃避；稍有好转，马上回到他们身边，尽可能给予帮助。

① 传说中尧舜时期十二州的长官，也泛指古代地方长官。

舜帝有虞氏

舜从事过各种体力劳动，经历坎坷。他在历山耕耘种植，在雷泽打鱼，在黄河之滨制作陶器，为养家糊口而到处奔波。尧将两个女儿嫁给舜，以考察他的品行和能力。舜不但使二女与全家和睦相处，而且在各方面都表现出卓越的才干和高尚的人格力量。

后来尧让舜参与政事，管理百官，接待宾客，经受各种磨炼。舜不但将政事处理得井井有条，而且在用人方面有所改进。经过多方考验，舜终于得到尧的认可。选择吉日，举行大典，尧禅位于舜，舜成为部落联盟首领。

舜执政以后，传说有一系列的重大政治行动。他重新修订历法，又举行祭祀天地四时、山川群神的大典。他即位的当年，就到各地巡狩，祭祀名山，召见诸侯，考察民情。传说中舜在器物上画出五种刑罚的形状，以警示众人；用流放的办法代替肉刑，以示宽大。又设鞭刑、扑刑、赎刑，特别是对不肯悔改的罪犯严加惩治，使坏人受到惩处，天下人心悦诚服。舜咨询四岳，挑选贤人治理民事，并选拔治水有功的禹为继承人。相传虞舜执政时，天下太平，人民安居乐业。据说舜到南方巡狩时，死于苍梧之野，葬于江南九嶷山，称为"零陵"。

（四）殷亡周兴

《系辞下》说：

《易》之兴也，其当殷之末世、周之盛德

邪？当文王与纣之事邪？是故其辞危，危者使平，易者使倾。

此事是指商朝（殷朝）末年商纣王荒淫无度，连年征战，国家混乱，而西周文王则广施仁德，深得人心，周朝最终取代了商朝，完成了朝代的更替。

纣，即商纣王，是商朝最后一位帝王，也称殷纣王，中国历史上有名的暴君，名辛，也称帝辛，“纣王”并不是正式的帝号，是后人加给他的贬损评价的谥号。谥号是指中国古代统治者或有地位的人死后，给他另起的称号，如“武”帝、“哀”公等。古代帝王、诸侯、卿大夫、高官大臣等死后，朝廷根据他们的生平行为给予一种称号以褒贬善恶，称为谥或谥号。帝王的谥号，由礼官议上；臣下的谥号，由朝廷赐予。

纣王为帝乙的少子，帝乙死后，应立长子启为帝，因为启的母亲卑贱不能立，而立少子辛为帝。纣王天资聪颖，反应敏捷，领悟力很高，又勇力过人，是少见的大力士，能够手搏猛兽。纣王继位后，重视农桑，国力强盛。他打退了东夷向中原的扩张，把商朝势力扩展到江淮流域。

纣王在位后期，居功自傲，大兴土木，沉溺酒色，生活奢靡腐化，暴敛重刑，拒谏饰非，一意孤行，遂导致民怨四起。他耗巨资建鹿台，造酒池，悬肉为林，过着穷奢极欲的生活，使国库空虚。他还使用炮烙之刑，用炭火把中空的铜柱子烧红，然后叫人在上面行走，烙得皮焦肉糊而死。他刚愎自用，听不进正确意见，杀叔叔比干，囚另一位叔叔箕子，失去人心。由于连年用兵，国力衰竭，危机四伏。

文中的“文王”是指周文王。周文王姓姬名昌，西周的奠基人，商纣王时为西伯（西部诸侯之长），又称周侯、西伯昌。相传周文王建国于岐山之下，在位五十年，他勤于政事，重视发展农业生产，礼贤下士，积善行仁，政化大行。

（五）文王拘羑里

《明夷·彖》说：

内文明而外柔顺，以蒙大难，文王以之。

此事是指周文王姬昌被囚禁于羑里（今河南汤阴）之事。周文王积德行善，很多诸侯归附于他。崇侯虎向商纣王进言说西伯（周文王）到处行善积德，树立自己的威信，诸侯都向往他，恐怕不利于商王。纣王于是将姬昌囚禁于羑里。周文王的臣下闳夭等人为营救文王出狱，设法搜求美女、宝马、珠玉等珍奇宝物献给商纣王。纣王见了大喜，说："这些东西有一件就足够释放西伯的了，何况这么多呢！"于是下令赦免文王出狱，并赏赐给他弓、矢、斧、钺，授权他讨伐不听命的诸侯。

文王出狱后下决心灭商，于是更加推行仁政。他一面向纣王献出洛水以西的土地，请求免除炮烙的酷刑，一面访贤任能，壮大国力。天下的诸侯很多都归顺了文王。姬昌的儿子周武王攻灭商纣夺取天下以后追尊他为文王。

（六）汤武革命

《革·彖》说：

> 天地革而四时成，汤武革命，顺乎天而应乎人。

这里所说的“汤”，是中国历史上第二个王朝商朝的开国君主——商汤，他领导商部族和其他诸侯反抗夏王朝最后一个统治者——桀的残暴统治，运用战争手段推翻了夏王朝，建立起新的统治秩序。“武”，是指周武王，他领导各路诸侯推翻了商纣王的统治，建立了新的王朝——西周，史称武王伐纣。中国古代认为改朝换代是天命的变革，所以称为“革命”。这两次王朝更迭因而合称为“汤武革命”。

商是居住在黄河下游的一个部落。夏朝末年，商已颇为强大，其部落首领汤是一个仁义且有远见的人。汤又称商汤、成汤，他看到夏桀暴虐残忍，喜好淫乐，民心渐失，感到此时已是灭夏的

商汤

好时机，便采取了一系列的措施，在内政外交上做好了灭夏的准备。

商汤勤政薄敛、体恤民情，不拘一格地选用人才，重用已经沦为奴隶但很有才能的伊尹。为了便于军事行动，商汤将居住地迁至亳。商汤对其他小的诸侯恩威并施，一边用仁德感召诸侯，一边又用武力剪除忠于夏王朝的诸侯。

由于夏桀横征暴敛，诛杀忠臣，重用佞臣，弄得朝政日非，诸侯怨声载道，众叛亲离。商汤认为伐桀的时机成熟，于是召开了隆重的誓师大会，发表了讨伐夏桀的檄文，历举夏桀破坏生产、残酷盘剥压迫民众的罪行，申明自己征伐夏桀是秉承天意，是为了拯救民众于水火之中。誓师后，商汤联合各部落军队，与夏朝的军队在鸣条一带（今河南封丘附近）展开决战，推翻了夏朝。

武王伐纣是中国历史上的一个重要事件，是商朝衰落周朝兴起的转折点。据史书记载，商纣王的统治很残暴，导致民不聊生。这一时期，活动在渭河流域的姬姓部落逐渐强大起来，首领周

周武王

武王姬发积极策划灭商。他继承父亲文王遗志，重用姜尚等人，使国力不断增强。周武王联合各个部落，率领兵车三百辆，虎贲（卫军）三千人，士卒四万五千人，进军到距离商纣王居住的朝歌不远的牧野（今河南淇县西南），举行了誓师大会，列数纣王罪状，鼓励军队同纣王决战。这时候商纣王才停止了歌舞宴乐，和那些贵族大臣们商议对策。当时商朝的军队主力远在东方与东夷族作战，国内兵力空虚。纣王只好将大批的奴隶和俘虏来的东南夷武装起来，凑了十七万人开向牧野。可是这些纣王的军队刚与周军相遇，就掉转矛头引导周军杀向纣王。结果，纣王大败，连夜逃回朝歌，眼见大势已去，只好登上鹿台放火自焚。周武王完全占领商都以后，便宣告商朝的灭亡。

“汤武革命，顺乎天而应乎人”，意在表明朝代更迭中的革故鼎新，是“顺天”而“应人”的过程，如能恰当地把握好这变革的环节，再加以人为的促进和推动，就是历史的进步。汤武革命客观上推动了历史的发展，符合人民的愿望，因此得到后人的肯定和赞扬。

（七）复圣颜回

《系辞下》说：

> 颜氏之子，其殆庶几乎？有不善未尝不知，知之未尝复行也。

颜氏之子指的是颜回。颜回（前521—前481），

颜回

字子渊，也叫颜渊，春秋时期鲁国人，孔子最得意的弟子。

颜回十三岁即拜孔子为师，勤勉好学。颜回为人谦逊，“不迁怒，不贰过”（不把自己的怒气迁移到别人的身上，同样的错误不会犯两次）。他异常尊重老师，对孔子无事不从，无言不悦。

颜回一生大多时间追随孔子周游列国，归鲁后也未入仕，而是穷居陋巷。为了养家糊口，颜回自己讲学授徒，传授儒学六经，逐渐扩大了自己的影响，形成了儒家的一个宗派——颜氏之儒。

颜回以德行著称，严格遵循孔子关于“仁”“礼”的要求，故孔子常称赞颜回具有君子四德，即“强于行义，弱于受谏，怵于待禄，慎于治身”（实行德义时坚定，接受劝谏时柔顺，得到官禄时戒惧，修养自身时谨慎）。

颜回主张内修己德、外施爱民之政，在孔门诸弟子中，孔子对颜回称赞最多，不仅赞其“好学”，而且还称他为“仁人”。

颜回不幸英年早逝，葬于鲁城东防山前。自

汉高帝以颜回配享孔子、祀以太牢，三国魏正始年间将此举定为制度以来，历代统治者封赠有加，无不尊奉颜回，将其列为七十二贤之首，有时祭孔时独以颜回配享。历代统治者对颜回不断追加谥号：唐太宗尊之为“先师”，唐玄宗尊之为“兖公”，宋真宗加封为“兖国公”，元文宗又尊为“兖国复圣公”。明嘉靖九年尊其为“复圣”。山东曲阜有“复圣庙”。

四、《周易》传文中的社会史资料

《易传》的作者在阐述《周易》起源的过程中向人们描述了远古社会发展的历程，把远古社会的一些发明创造归结于《周易》卦象的启示。从《易传》的记述当中可以看到远古时代人类社会的经济发展经历了由渔猎经济到采集经济，再到原始的农业种植经济的过程；居住方式从野外的洞穴居住发展到建造房屋宫室的定居；随着时代的进步，人们发明了文字，进入了文明社会，结束了结绳而治的野蛮时代；随着活动范围的扩大和地区之间联系的加强，人们发明了舟车；社会组织形式从自发松散的社会管理发展为国家组织的出现；丧葬等方面的礼仪，也随着社会的发展而不断改进。

《易传》对古代社会发展变化历史的描述主要集中在《系辞下》第二章中，从它的记载可以了解远古时期社会经济、政治和文化典制的发展过程："古时候包牺氏治理天下，仰首观察日月星辰的天象，俯身取法大地高下起伏的地形，又观察鸟兽羽毛的纹理和山川水土的地利，创作出八卦，并且发明了用编结绳索的方法制作成罗网，用来猎兽、捉鸟、捕鱼。

"包牺氏去世后，神农氏兴起。神农氏砍削树木制成了耜，揉转木材制成了耒，以便耕种和除草，然后把用耒耜翻土耘田耕种的便利教给天下百姓，使天下的粮食收获增加。神农氏规定以中午作为集市买卖的时间，招致天下的民众，聚集天下的货物，互相交换之后各自归去，每人都获得自己所需要的物品。

“神农氏去世后，黄帝、尧、舜先后兴起。由于社会的演进，以前的典章制度已不敷使用，他们变革前代的器用、制度，使百姓感到生活有意义，努力进取不懈怠。这种变革是在悄无声息中发生的，民众感到很方便，能够适应和接受。

“黄帝、尧、舜很容易就使得天下大治。他们凿空树木做成船只，削制木材做成桨楫，船只桨楫的便利之处在于可以用来渡过难以通行的江河，使两岸的人能互相来来往往，且可航行至远方而便利天下。他们驯服了牛，乘驾着马，用牛负载运送重物，用马来奔驰直达远方，使天下民众得到便利。他们设置多重房门并且夜间敲梆巡视警戒，用以防备暴徒盗寇的侵入。他们削断木头做成捣杵，挖掘地面做成捣臼，捣杵、捣臼的好处是可以用来舂米为食，使万民受益。他们弯曲柔韧的木条并在两端系上弦绳做成弓，削尖木条做成箭，弓箭的好处是可以用来威服天下。

“远古时期的人们居住在洞穴里而生活在野外，后世的圣人改变了这种居住方式，建造了房屋宫室，上有栋梁下有檐宇，可以用来防御风雨。古时候埋葬死者，只是用薪草厚厚地裹缠死者的遗体，埋葬于荒野之中，不聚土堆做坟墓，也不植树木做标记，没有限定的居丧时间，后世圣人制定丧礼，改用棺椁下葬，改变了过去的丧葬习俗。

“上古时期的人们没有文字，用系结绳子做标记来记录事情以治理天下，后世的圣人发明了契刻文字，改变了过去结绳记事的方式，百官可以用它治理政务，万民可以用它稽查琐事。”

从《易传·系辞》的文字记录可以看出，原始社会末期居民生活已经由渔猎发展到农耕，并出现了简单的商品交换。舟楫、车马、杵臼、弓箭、房屋、棺椁等的发明和创造，反映了当时社会物质生产的进步。从这段文字的记录也可以看出社会发展由原始社会民主政治到阶级社会国家机器形成的历史进程。从这段文字的记录还可以看出社会文化典制随着生产力的提高而不断发展。从总体上来看，这段文字全面而生动地描述了古代社会的发展历程，表现出一种朴素的进化思想，肯定了人类文明的历史进步。

《周易》共有六十四卦，分为上下两部分，上经三十卦，以《乾》《坤》为首，下经三十四卦，以《咸》《恒》为首。对于这种排列方法，《易传》的《序卦》认为这是有深刻意义的，它反映了自然界和人类社会的发展过程。《序卦》第二章说："有天地然后才有了万物，有万物之后才产生了男女，有男女之后才形成了夫妇，有夫妇之后才有了父子关系，有父子关系之后才有了君臣之别，有君臣之别之后才有了上下等级名分，有了上下等级名分后礼仪才有所设置。"《序卦》的这段描述揭示了人的产生与社会的形成次序，这里所说的天地、万物、男女、夫妇、父子、君臣、上下、礼仪的产生在时间上前后相继，在内在关系上因果相承，在发展趋势上则呈进化倾向。也就是说，先有了天地万物然后才有了人类，人类是自然界的一部分，是自然界的产物。自然界曾经没有人类，人类曾经没有夫妇，没有国家，没有君臣礼仪，人与社会秩序是从天地万物中演进而来的。现在的历史学、考古学和人类学已经证明，人类社会正是这样发展过来的。

从《易传》的其他记载当中，也可以了解当时社会生活的一些情况，如《离·彖》说：

> 日月丽乎天，百谷草木丽乎土，重明以丽乎正，乃化成天下，柔丽乎中正，故“亨”，是以“畜牝牛吉”也。

从这一段描述来看，这是一个非常美好、安宁而祥和的生活画面：美丽明亮的太阳和月亮高高地悬挂在天空之中，百谷草木附着在土地之上茁壮成长。日月上下光明又附丽于正道，才能够化育生成天下万物。阴柔依附于中正之道，每个人处于合适的位置，所以亨通顺利，因而畜养母牛能够使自己的养牛业壮大，这样的生活是吉祥的。

这段文字描述可能是原始畜牧业出现之后，人们从事畜牧活动的一个美丽写照。再如当时人们生活的重要物品——“鼎”，《鼎·象》说：

> 鼎，象也。以木巽火，亨饪也。圣人亨以享上帝，而大亨以养圣贤。

鼎是早期社会普遍使用的一种烹饪器具，三足两耳，相当于现在的锅，用以炖煮和盛放食物。随着社会和经济的发展，鼎被赋予诸多社会文化功能，从器物层次发展到文化、思想层次，由生活炊具变成了宗法礼器，用于宗庙祭祀，后来又成为传国重器，被看作国家权力的象征。

《彖传》的解释是说，“鼎”卦是象形之卦，取自鼎器之象，犹如用鼎盛食物，把木材放入鼎下通风生火燃烧，通过鼎就可以加热烹饪食物。圣人烹饪食物用来祭享上帝，敬奉神明，而大烹牛羊猪等用以宴请圣贤。

通过《彖传》的解释，可看到古人用鼎生火

鼎

做饭的一个生活画面：将动物、植物等食品原料调制好之后放进鼎内，添加水和调味品，用柴草顺风生火煮熟，先将食物祭祀上天，然后分给大家享用。

对于史料非常缺乏的远古社会而言，《周易》的史料价值是非常珍贵的。随着地下考古资料的发现，或许能揭示出《周易》所包含的更多历史内容。

五、《周易》对中国史学发展的影响

在中国古代，人们遇事有占卜的习惯。古人卜筮是为了解决疑难，希望预知事物的发展变化，作为行动的指南。《周易》作为卜筮之书，其卦辞和爻辞反映了当时人们对自然、社会与人的关系的认识。这些认识反映到史学上就是他们的历史观。《易传》是后世之人对《周易》古经所作的注释，在一定程度上也体现了人们的历史观。史学与《周易》在产生之初就结下了不解之缘，《周易》的思想和体例很有创新意义，对中国后世史学家有很大启迪，对他们的历史思维方式、治史方法产生了相当大的影响。《周易》为中国古代史学家思考天人关系、探讨历史兴衰、品评历史人物、总结历史经验提供了思想基础和哲理依据。可以说《周易》在一定程度上影响了中国古代史学的发展变化。

（一）《周易》变通思想对中国史学的影响

《周易》成书于变革时代，变革时代常常会产生变革思想，这种变革思想在《周易》中的体现就是变通思想。变通思想又称通变思想，是《周易》最重要的思想，它是《周易》富有辩证法的运动观，是《周易》哲学思想中的精华。

变是指阴阳转化而裁成万物，宇宙万物，无时不动，无物不变，变动才使万物化生，无变动就不会有万物。

通是指阴阳推移往来运动，这种有往有来的运动没有穷尽。

根据《周易·系辞上》的说法，太极生两仪，两仪生四象，四象生八卦，最后代表八类物体的八卦产生出复杂纷纭的万物来，一直达到“远则不御”的程度。而人事的是非得失、吉凶祸福，也随之发生、发展、变化，因此“通变之谓事”，“变而通之以尽利”。只有变通，事业才能兴旺，国家才能久安，民众才能尽利，所以《周易·系辞下》说：“易穷则变，变则通，通则久。”也就是说事物到一定的阶段，变是一种必然，只有这样才能长久。

《周易》从八卦到六十四卦、三百八十四爻，都是在变化之中的，各种变化之间相互制约、相互作用、相互联系。《周易》的基本符号只有阳爻、阴爻两种，每三爻为一卦，尽其变化，可得八卦。每两卦为一重卦，尽其变化，可得六十四重卦。可谓一爻之变，一卦为之生；两卦一重，六十四卦为之成。

《周易》的卦象就是这样通过变化反复推演而来，从卦象无穷的变化之中，《周易》作者悟出了“通”。《周易》中的变通思想，正是通过这种卦象变化表达出来的。

《系辞下》说，“变通”要根据时间变化的具体条件，《易》道穷尽则变化，变化则能通达，通达则能长久，所以有来自上天的保佑，吉祥而无所不利。

《周易》作者把社会变化理解成盛衰变动，形成富有特色的变通思想，然后把这种变通思想运用到社会生活中去。他们不是为变而变，而是从变中求通，变通的最终目的是获得行动的自由，争取完满的结果。

《周易》的变通思想对中国古代史学影响非常深远，很多史学家以变通思想为指导来讨论社会的发展和历史的盛衰变动，并以此来解说历史。

先秦史官运用《周易》来解释问题最重要的特点就是运用《周易》的变通思想，反映出史官认识历史的左右联系和朴素的辩证法思维特点。

例如《左传》就以易解史，将《周易》的变通思想作为解说历史变动的重要依据。将变通思想引进历史观，一定程度上揭示了人类社会历史过程的发展，初步形成了朴素形态的进化史观，把历史的变与不变联系起来，把论历史大势走向与历史兴亡联系起来。

变通思想对中国古代史学产生的另一个重要影响是在历史研究中把“天”与“人”联系起来。司马迁曾说“究天人之际”“通古今之变”，也就是要探究天命、天意与人世间治乱兴衰的关系，贯通历史古今盛衰发展变化的轨迹，探讨社会变革与对历史的借鉴。没有《周易》的这种变通思想，也就可能没有司马迁进行的学术大总结，也就不可能产生一种新思想体系的纪传体通史《史记》。

司马迁继承了《周易》的变通思想，并在这种思想的指导下考察社会运动，认识历史发展的过程，分析历史盛衰的变化，提出了“见盛观衰”的问题，认为事物发展到了“盛”“穷”的地步，就会产生阶段性的变化，人类的历史发展到一定的时期，到达“敝”的境地，必然也会发生改变。事物变则通，社会也只有在“承敝”之时进行“变”，方能顺应自然，其言“作《平准书》以观事变”，对天官的认识是：

> 终始古今，深观时变，察其精粗，则天官备矣。

《史记·平准书》还说：

> 物盛则衰，时极而转，一质一文，终始之变也。《禹贡》九州，各因其土地所宜，人民所多少而纳职焉。汤、武承弊易变，使民不倦，各兢兢所以为治，而稍陵迟衰微。

《史记·殷本纪》指出，殷代的历史是一个盛衰不断变动的过程，不仅记载殷的兴起到帝雍己的衰落，且交代出此后的历史过程又经过了复兴、衰、复兴、衰、复兴、衰、益衰、亡等阶段。此外，司马迁论秦的兴衰、楚汉之争以及西汉七十年的变化，都是从变通的视角来论述的，把历史作为一个完整的变动过程进行分析。

东汉史学家荀悦在著史过程中，将“通古今”作为一条重要宗旨，这反映出《周易》变通思想对他的影响。

《周易》的变通思想为中国历代史学家思考社会前途也提供了很多启迪。从司马迁等史学家的著作中体现出的变通思维方式可以看出，《周易》变通思想对中国民族史学特点的形成产生了重要影响。

唐代史学家刘知几，在唐高宗永隆元年（680）举进士，授怀州获嘉县主簿，曾多次上书言事。702 年开始担任史官，历任著作佐郎、左史、著作郎、秘书少监、太子左庶子、左散骑常侍等职，撰起居注，兼修国史二十余年。708 年辞去史职，从事私人修史工作，开始撰《史通》，详论史书的体例及内容，阐述自己对史学的见解。721 年，因为长子刘贶犯罪流配一事申辩，被唐玄宗贬为安州都督府别驾，不久去世。他所撰著的

《史通》是中国第一部史学理论专著，对中国唐朝以前的史籍做了全面的分析和评价。

刘知几在其史学研究中将变通的观点运用到史学评论中去，认为时代在变化，情况在变化，方法也要不断变化，强调史家著述要知人论世，因时制宜，通情达变，切勿墨守成规。

宋代史学家、易学家欧阳修认为变通是天地日月自然运动的法则，他在《易童子问》中说：

> 天地升降而不息，故曰天地之道久而不已也。日月往来，与天偕行而不息，故曰日月得天而能久照。四时代谢，循环而不息，故曰四时变化而久成。

欧阳修同样重视运用《周易》的变通思想来考察历史、解说历史，他认为变通也是社会人事进退存亡的法则，在《易童子问》中又说：

> 圣人者，尚消息盈虚，而知进退存亡者也，故曰圣人久于其道而化成。

依据变通思想，欧阳修提出一系列变革政治的主张，他在《新五代史》中表述的重民、重德政的思想以及关于朋党的议论等，都是他历史变革思想较为突出的表现。

宋代史学家、目录学家郑樵一生不应科举，刻苦力学三十年，立志读遍古今书，到处借书求读，毕生从事学术研究，在经学、礼乐之学、语言学、自然科学、文献学、史学等方面都取得了不凡成就。郑樵的著述达八十余种。《通志》为郑樵的代表作，共二百卷，该书收录了郑樵平生著述摘要的“二十略”，涉及诸多知识领域，堪称世界上最早的一部百科全书。郑樵在《通志》中高度评价“通”，将“会通”之义引入史学领域，反复申述“会通”的重要意义。

在《周易》变通思想的影响下，王夫之把中国古代史学思想推向新的高度，提出了通变的盛衰论，以此来论证人类社会历史的盛衰变动、治乱更替，解说人类社会历史的发展，并在此基础上提出了中国历史治乱更替的三个阶段论，建立了以变化和进化为中心的历史哲学体系，提出“变必通，穷必变”的见解。王夫之以《周易》的变通思想论说历史的变化，指出历史的变化是一种必然，同时他以变通的眼光把古与今联系起来，将历史兴亡和变革现实联系在一起，从理论上说明了以《周易》的变通思想总结历史经验的价值与意义。王夫之还从《周易》的变通思想出发，认为从长远的角度来说，治理国家最重要的是要有通识，通识就是知道事情开始的原因、产生弊端的原因、避开危害的原因、利益形成的原因，只有以通识的眼光来总结历史，才能形成“独断”的认识。

（二）《周易》进化思想对中国史学的影响

《周易》的作者对人类社会的发展变化提出了古代朴素的进化思想，认为在社会结构、经济结构、社会风俗和文化上，人类历史是向前发展的。

《易传·序卦》描述了人类社会的初期发展过程，它所描述的由天地而产生万物进而产生人类的男女之别，符合地球上生命初期的进化；由男女之别而产生夫妇进而产生父子关系，符合人类社会从原始群落到父系氏族社会的发展。在父子关系产生之后出现的君臣之别和上下等级名分，符合阶级、国家产生的历史轨迹。由此也可看出《周易》作者已经认识到上层建筑及意识形态产生于阶级出现之后。

《易传·系辞下》描述的原始社会由渔猎发展到农耕进而到产生简单商品交换的情况，反映了当时社会物质生产的进步和原始社会经济的发展过程，向人们展现了两次社会大分工的状况。同时，《易传·系辞下》还描述了社会风俗、文化和社会政治的发展过程，包括居住环境的改变、丧葬的变迁以及文字的产生等，表现出一种朴素的进化思想。

《周易》朴素的进化思想对中国古代史学家的影响很大。司马迁在《史记》中极力展现社会发展进化的历史过程，《史记》中的《三代世表》《十二诸侯年表》《战国年表》和《秦楚之际月表》分别表现了四个历史阶段，清楚地显示了历史进化的轨迹。从《史记》的撰述原则来看，一方面强调详今略古，重点记述汉兴以来的历史；另一方面注重变革时期的历史记载，肯定秦汉大一统功业，也体现了司马迁的历史进化思想。

东汉经学家何休在《公羊传解诂》一书中，提出了“三世说”，将社会的发展过程概括为“据乱世”“升平世”“太平世”三个阶段，以此显示社会的进化。

北宋史学家司马光认为从上古到三代的历史是不断进步和发展的，正是经过了伏羲氏、神农氏、黄帝等古圣王的不断创制，人们才告别了洪荒时代而进入天下大治的。但三代以后，由于人欲横流，历史不断走向衰败，到汉代时还尚是个遵守礼法的社会，再往后的社会更是道德不断沦丧，以至于到五代时期干戈纷攘，“天下荡然，莫知礼义为何物矣”。不过物极必反，北宋时期出现了转机，历史迎来了一个自古未有的太平盛世。

王夫之认为，个人的生命在不断发展变化，

人类的历史也是不断向前进化的，人类的祖先是从禽兽进化而来的，其进化经历了从“禽兽”到“夷狄”、再到文明的发展过程。随着时代的发展，物质进步，精神提高，后世要胜于往古。他认为历史发展的总趋向是由野蛮而日趋文明，文化的发展有一个从低级向高级发展进化的过程，人类在野蛮时代是以游牧和狩猎的生活为主，没有国家，没有君臣关系，没有婚姻和官宦，等等。而进入了文明社会后，有城郭可以用来防守，有商品交易市场可以用来获利，有田土可以用来耕种，等等。在《读通鉴论》中，王夫之还对唐太宗时的儒臣封德彝之所谓“三代以还，人渐浇讹”的道德退化论观点进行了驳斥，认为随着道德教化的逐步推广，人民的道德水平远远超过上古三代。王夫之肯定历史的发展与变革，认为随着历史的发展，社会制度也会出现相应的变化，人们不可以简单地照搬古人的做法。

（三）《周易》忧患意识对中国史学的影响

忧患意识是指人们对自己的处境和现状时刻保持警惕，对可能遭遇到的困境和危难有正确的认识，对自己的言行时刻进行反省，始终保持清醒的头脑和奋发有为的精神状态。忧患意识是一种居安思危意识，是对恐惧感和危机感的理性反思，也是人类的一种生存智慧。

《周易》是一部充满忧患意识的著作，它的卦爻辞中时常提醒人们要居安思危、防微杜渐，时刻保持谨慎警惕之心，不断地进行反思悔悟，以致身处忧患之时，能够化险为夷，得以安身立命。《周易·乾》九三爻辞说："君子终日勤奋做事，夜间仍然时刻警惕，好像会有危险发生一样。"《周易·坤》初六爻辞说："踩到地面上的薄霜就应当知道结坚冰的寒冬就要到了。"《周易·否》九五爻辞说："在身处休止否闭的局面时，心中时时保持自我警惕的意识，便可获得吉祥，在将要毁亡时，就可以像系结于丛生的桑树一样安然无恙。”

《易传》中的描述更是体现了《周易》深深的忧患意识，提醒君子要时时不忘“危”“亡”“乱”之忧，尤其是在“安”“存”“治”的时候。如《易传·系辞下》说：“人若是安于其位，则会招来倾危；一直保持现状，则会招来灭亡；自恃其国家已经得到治理，结果就会招来祸乱。因此，君子处于安全的环境而不忘记危险的存在，生存的状况很好而不忘记灭亡的情景，居于太平盛世而不忘记祸乱的可怕，只有这样才能使身体安康而国家可以保全。”这是告诉人们，治乱、兴亡是处于一个不断转化的过程，要居安思危，随时保持警觉，不可以因表面无事而沉迷安和，才能长治久安，防止事情走向反面。《易传·文言》说：“君子居于上位而不骄傲，处于下位而不忧郁，时刻勤奋而不懈怠，并且保持警惕，即使处于险境也不会有灾祸。”《震》卦《象传》提出了“洊雷震，君子以恐惧修省”，说明恐惧情绪与君子修省自身的关系，这些都是很明显的忧患意识。

《周易》的忧患意识对中国古代史学影响巨大。中国很多优秀的历史学家都有忧患意识，他们关心社会现实，关心民族命运，关注历史前途，以天下为己任，有很强的历史感和时代感。

司马迁是中国古代伟大的历史学家，具有强烈的忧患意识，他倾注毕生心血创作的《史记》就是他深重忧患意识的产物。在《史记》的《封禅书》《平准书》中，司马迁对汉武帝时代业已暴露的种种社会问题进行了揭露，便是他内心忧患意识的集中表现，即使身处盛世，也不忘居安思危。

宋代苏洵在《史论》中说，史书是为什么而做的呢，是因为有忧患啊。宋代史学家司马光殚精竭虑主持编纂《资治通鉴》，很重要的一个原因就是对北宋积贫积弱的社会现状有深深的忧虑。两宋的史学家刘恕、李焘、袁枢等人撰写的史书，也是针对当时外有外族政权威胁、内有社会动乱而国家贫弱的社会现实的忧世之作。

众多的史学著作当中特别重视收录前人关于

历史兴亡的议论，更是表现出浓烈的忧患意识，希望人们能够以史为鉴。《左传》中有两处“战战兢兢，如临深渊，如履薄冰”，用以说明必须随时保持戒惧与提高警惕，不可掉以轻心。《左传》里还多次出现“居安思危”，并强调“思则有备，有备无患”，告诫人们要有戒惧之心，有备方能无患。可见早在春秋时期，史学著作就已经有了提醒人们保持警惕，戒备不测，加以预防的忧患意识。

唐太宗为《晋书·武帝纪》写的史论，强调要居安思危，借鉴历史兴亡，认为：

> 居治而忘危，则治无常治。

欧阳修在《新唐书·魏征传》记载魏征的话说，经常思考危险发生的原因才能保持安全，经常思考祸乱发生的原因才能保持太平，经常思考导致灭亡的原因才能保证生存。他在《新五代史·伶官传序》中又说：

忧劳可以兴国，逸豫可以亡身。

忧虑操劳国事才可以振兴国家，追求安逸享乐就可能招致自身的灭亡。欧阳修的意思是在告诫人们要增强忧患意识，居安思危。

明清之际的史学家王夫之等，也都在自己的作品中倾注了对时代的深深忧虑。

（四）《周易》人力观对中国史学的影响

在神意观的氛围中，《周易》也有人力观的思想因素，在尊崇天命的大前提下，强调历史兴衰变动中人的作用，把历史发展的动力部分地归之于人，认为历史是在人的参与下创造的。如在个人荣辱、家族祸福和国家兴亡等问题上，《周易》的作者虽然认为以天命为主，但同时也强调个人的作用，把个人和家庭的荣辱祸福看作人们自己活动的结果。《易传·系辞下》说：

善不积不足以成名，恶不积不足以灭身。

善事不积累不足以使一个人名声卓著，恶事不积累不足以使一个人毁灭自身。

《易传·文言》说：

> 积善之家，必有余庆；积不善之家，必有余殃。

积累善行的家庭，必定会福庆有余；积累恶行的家庭，必定会灾殃有余。

在国家兴亡的问题上，《周易》作者特别告诫统治者注意任用有品德的君子而摒弃人格卑鄙的小人，任用卑鄙小人则必然会使国家混乱。《周易》作者认为那些已形成混乱局面的国家，都是因为卑鄙小人掌握了权位而品德高尚的君子得不到任用。

在人的作用中，《周易》作者既看重英雄人物，也认识到普通民众的力量。在分析人的活动对社会国家的影响时，《周易》作者着重强调英雄人物的作用，在描述社会发展过程时，将社会进程动力、各种发明创造都归之少数圣人，大力宣扬包牺、神农、黄帝、尧和舜等人的英雄业绩。

《周易》作者在宣扬英雄人物作用的同时，也注意到普通民众的力量，如在歌颂汤武革命伟业的同时也一再声明汤武所为是“应乎人”的，认识到了君王的地位是建立在民众支持的基础上的。他们建议统治者在有所作为时，一定要注意求得民众的配合，否则事既不成且祸害及身，并提出了一些赢得民心的方法。

《周易》的人力观深刻影响着中国古代史学。中国古代的史学家一般都接受了《周易》人力观的观点，并运用它观察问题。

司马迁叙述每一个重大历史事件，每一个重大盛衰转折，都着重写人谋，突出了人力的作用。司马迁认为人自身的作为尤其是人的德性对事情的结果有重要作用。例如对于项羽之败，项羽自杀之时认为是“天亡我”，司马迁认为不是天亡项羽，而是因为项羽杀义帝、夸功伐、无德而好战，是项羽自取的。司马迁在评论国家兴亡时就说：

> 国之将兴，必有祯祥，君子用而小人退。国之将亡贤人隐，乱臣贵。

国家将要兴旺，一定有吉祥征兆，那就是品德高尚的君子得到重用而人格卑劣的小人被斥退；国家将要败亡，有贤德的人隐退而那些制造祸乱的臣子显贵。班固对人力在历史兴衰中的作用论述得十分明确，例如对于宋襄公伐齐和齐威王死亡前出现的一系列灾异现象，他认为国家治理不好，上天以妖灾警示，但国家将要发生混乱，并不是由自然灾异现象引起的，归根结底在于人。

唐代魏征写作史书很突出的一点就是强调人力的作用，在探讨国家兴亡、政权盛衰和战争胜负的内在原因时，他十分强调人的作为，对于隋炀帝亡国，《隋书》中以大量事实论证了“吉凶由人”的道理。

唐代史学家刘知几将人力观作为历史评论的准则。

宋代以来至明清时期，这种人力观一脉相传，逐渐发展壮大，成为植根于中国史学界的思想基础之一。宋代欧阳修认为，历史的发展、社会的治乱盛衰，关键在于人力，而不是“天命”，他在

《新五代史·伶官传》中说：

> 盛衰之理，虽曰天命，岂非人事哉。

明末清初的王夫之重视在历史盛衰变动中人力的作用，认为民心向背关乎国家的治乱兴亡，他在《读通鉴论》中说，汤武革命是应天顺人的事情，圣人知道顺天时尽人力的道理，兴亡变动的原因还在于人的品德和忠诚，把历史上的兴亡与重人力和重德政联系起来。

（五）《周易》鉴戒观对中国史学的影响

鉴戒观是《周易》的一个重要观点，《周易》作者认为人们需要通过掌握历史知识提高品德修养，汲取历史经验教训，以把握现在，探索未来。《易传·象传》说一个有知识、有教养的人应该多了解领会前贤先哲的言论和行事，以培养和提高自己的道德修养。《易传·系辞下》说《周易》的作用是彰明既往的事情而据以察知未来的事情。也就是说《周易》的作者主张借鉴前代贤哲言行凝聚成的历史经验教训来修养人们的品德，培养人们的器识，指导人们的行为。

《周易》这种以前人言行为鉴戒，汲取历史经验教训来观察、处理现实问题的思想被中国史学家继承并发扬光大，把它作为学习历史、运用历史的指导思想，使以史为鉴成为中国史学的优良传统之一。

司马迁著《史记》，一个重要的目的就是希望以史为鉴，试图从历史发展的整个过程中探求治国之道。他在《史记·高祖功臣侯者年表》中说，生活在当今之世的人，应该记住以前的道理，用它来做借鉴。这就是说，现实中的人们要了解历史、认识历史，把历史作为现实的一面镜子来看待，加以对照，作为借鉴，拒绝历史经验是愚昧的。

东汉史学家班固作《汉书》明确指出，史学要审视古今的得失，考察行事的成败，考证历代帝王的兴衰，为现行统治总结经验教训，体现了他以史鉴今的理念。

东汉史学家荀悦写《申鉴》公开申明史学的鉴戒作用，提出：

> 君子有三鉴，鉴乎前，鉴乎人，鉴乎镜。

“三鉴”之中，他把史鉴列于第一，认为不汲取历史的经验教训，是国家衰亡的重要原因。这说明中国古代史学家已经自觉地在鉴戒观的指导下修史，并把它作为史学工作的一项重要内容。

唐宋时期，鉴戒思想已经成为一种社会潮流，整个统治阶级上自皇帝，下至臣僚，都推崇以史为鉴。唐太宗曾说过，用历史做镜子，可以知道兴亡的道理。唐初，魏征通过对以往史学的总结，把史学的赞治作用，通过“取鉴于亡国”的形式加以发挥，在《隋书》中全面地总结了隋亡的原因、教训，提出以隋为鉴的重要性，并且具体地指出了如何从亡国取鉴。唐代史学家杜佑的《通典》直接声言“实采群言，征诸人事，将施有政”，就是说他总结历代典章制度撰写《通典》的目的，是要从历代盛衰成败中得出治国施政的经验教训，为现行政治决策提供历史依据。

宋代史学家司马光主持编纂《资治通鉴》，他的主要目的就是想以历史的兴亡得失总结出众多历史经验教训供统治者借鉴来治理国家，这部史学巨著无论是题目还是内容，无不体现着鉴戒史观。

到了清代，王夫之依然倡导“史学鉴戒”作用，他的《读通鉴论》说：

所贵乎史者，述往以为来者师也。

这句话指出对于历史来说，最有价值的是记述过去的事，来作为人们将来效法的准则，已把史学的“鉴戒”作用表述得十分明确了。

（六）《周易》的体例对中国史学的影响

《周易》的体例是图文并重和以传释经。《周易》全书由三部分构成：图例、经文、传文。《周易》有六十四卦，每一卦都有卦图。《周易》六十四卦的每一卦都有卦辞和爻辞，一卦的文字，自成一篇。每篇卦辞说明全篇主旨，爻辞则就卦象分说。传文也就是《易传》，是解释经文的文字。《易传》有七种十篇，即十翼，《彖》《象》和《文言》分附卦、爻辞之下，为一卦的传文；《系辞》《说卦》《序卦》和《杂卦》总附全经之后，为全经的传文。

《周易》这种以传释经的体例在先秦典籍中独具一格，对中国史学产生了积极的影响。在《周易》的影响下，以传释经的体例受到中国古代史学家的重视，成为他们经常采用的体例之一。如孔子作《春秋》，记事十分简略，常以一字为褒贬。晋代杜预深感《春秋》晦涩难读，他根据《周易》以传释经的形式将《左传》依照年份所记载的事件附列《春秋》所记载年份的事件之下，用以解释《春秋》，作《春秋左氏经传集解》。《春秋左氏经传集解》的体例和《周易》的体例是非常相似的。继杜预的《春秋左氏经传集解》之后，东晋范宁的《春秋穀梁传集解》和唐代徐彦的《春秋公羊传注疏》都采用以传释经的体例。

这种以传释经的体例最终演变为中国史学著作的一种体例——纲目体。

《周易》最基本的阴阳爻符号实际上是将宇宙万物划分了两类，其卦爻辞中的“吉凶悔吝”等，是将不同的事情做了好坏的基本分类。《系辞上》说“方以类聚，物以群分”；《同人》卦《象传》说“君子以类族辨物”，更是用分类的思想来观察事物。《周易》这种分类的思想对中国史学的体例也产生了很大影响。正史的写作体例是纪传体，纪传体体例是司马迁在《史记》中开创的，其最根本的特点便是分类，以“本纪”记载帝王的活动，以“世家”记载身份地位较高、影响较大的将相的事情，以“列传”记载其他有影响的历史人物，对于各种制度则以“书”的体例记之。这种分类记事的体例应该源自《周易》的分类思想。司马迁在《史记》中开创的这种纪传体体例，成为后代正史著作的基本体例。

综上所述，《周易》所包含的丰富思想深深地影响着中国古代的史学家，对史家史学思想的形成起了重要作用。《周易》以传释经的体例也被中国后来的史学家继承和发扬，并发展成为中国古代史书的一种新体例，其图文并行的形式也受到中国后世史学家的器重，对后世史学产生了广泛而深刻的影响。

第三章 史学中的《周易》

《周易》无论是在中国古代的社会生活中还是在学术史上都居重要地位，因此在史学典籍中多有记载，这说明了史学家对《周易》的重视。先秦时期的史籍如《左传》《国语》等当中就记载了很多有关《周易》的筮例，此后的史书也一直把《周易》作为一项重要内容进行记载。史学典籍中关于《周易》的记载主要是有关《周易》的传承、典籍和精通《周易》的人物。

一、《史记》中的《周易》

《史记》是中国历史上第一部纪传体通史，为西汉著名史学家司马迁撰写，被列为二十四史之首。二十四史是中国古代各朝撰写的二十四部史书的总称，被历朝历代当作正统的史书，故又称“正史”。它上起传说中的黄帝（前2550），止于明朝崇祯十七年（1644），约有四千万字，用统一的纪传体编写。二十四史的内容非常丰富，记载了历代经济、政治、文化艺术和科学技术等各方面的事迹。

《史记》原名《太史公记》，是中国古代最著名的典籍之一，记载了传说中上自中国上古时期的黄帝时代，下至汉武帝年间共三千多年的历史，被认为是中国史书的典范。《史记》全书包括十二本纪（按年月时间记述历代帝王的言行和政绩）、三十世家（记述子孙世袭的王侯封国的史迹以及杰出人物的事迹）、七十列传（记述重要人物的言行事迹和其他各方面代表人物的生平事迹以及少数民族的历史，其中最后一篇为自序）、十表（大事年表，用表格来简列世系、人物和史事）、八书（记述各种典章制度，涉及礼、乐、音律、历法、天文、封禅、水利、财用等诸方面内容），共一百三十篇，五十二万余字。《史记》对中国后世史学和文学的发展都产生了深远影响，其首创的纪传体编史方法为后来历代"正史"所传承。

《史记》记载了有关《周易》的起源和传承。《史记·太史公自序》中说"昔西伯拘羑里演《周易》"（以前西伯被拘禁在羑里，推演出了《周易》）。孔子易学的传授系统也是《史记》记载下来的，《史记·仲尼弟子列传》说：

> 孔子传《易》于瞿，瞿传楚人馯臂子弘，弘传江东人矫子庸疵，疵传燕人周子家竖，竖传淳于人光子乘羽，羽传齐人田子庄何，何传东武人王子中同，同传菑川人杨何。何

元朔中以治《易》为汉中大夫。

《史记·儒林列传》对孔子易学的传授系统也有记载，只是文字略有调整。《史记》特别强调汉代第一个传《易》的是田何，田何传王同，王同传杨何。杨何是汉代传孔子易学的重要人物，“要言《易》者本于杨何之家”（总的说来，讲说《易经》的学者，他们的所学都是从杨何家中传出来的）。另外，《史记·孔子世家》说：

孔子晚而喜《易》，序《彖》《系》《象》《说卦》《文言》。读《易》韦编三绝。曰：“假我数年，若是，我于《易》则彬彬矣。”

孔子晚年喜欢钻研《易经》，他详细解释了《彖》《系辞》《象》《说卦》《文言》等。孔子反复阅读《易经》，以致编连书简的牛皮绳子断了多次。他说：“再让我多活几年，如果是这样的话，我对《周易》的文辞和义理就能够充分融会贯通了。”

由此可知孔子晚年很喜欢读《周易》，对《周易》下过非常大的功夫，并且还作了《易传》，把《周易》作为教材教学生。此外，《史记》还引用《周易》中的文字达二十余例。

五行是中国远古时期形成的一种物质观，认为世间的万物都是由金、木、水、火、土五种元素构成的，这五种元素之间的相互生克制化形成了世间物质的一切变化。《史记》对五行及其特性有记载说明：

> 五行：一曰水，二曰火，三曰木，四曰金，五曰土。水曰润下，火曰炎上，木曰曲直，金曰从革，土曰稼穑。润下作咸，炎上作苦，曲直作酸，从革作辛，稼穑作甘。

五行与《周易》的关系密切，《史记》阐明了这种关系：

> 《易》著天地阴阳四时五行，故长于变。

二、《汉书》中的《周易》

《汉书》，又称《前汉书》，是中国第一部纪传体断代史，由东汉时期的史学家班固编撰。《汉书》是继《史记》之后中国古代又一部重要史书，全书主要记述了上起西汉的汉高祖元年（前206），下至新朝的王莽地皇四年（23），共二百三十年的史事。《汉书》包括纪十二篇、表八篇、志十篇、传七十篇，共一百篇，后人划分为一百二十卷，共八十万字。《汉书》开创了断代史的叙史方法，体例为后世沿袭。

《汉书》中有不少关于《周易》的内容，在《汉书·艺文志》《汉书·儒林传》《汉书·五行志》等卷中，多有涉及《周易》的问题，如汉易的传承与宗派源流以及著名易学家、易学著作等，为了解易学的发展提供了重要资料。

《汉书》以《周易》的思想为基础说明历史的发展，并将《周易》列为诸经之首，详细叙述了自鲁商瞿子木受《易》于孔子，至汉田何、丁宽等的传授世系，是一部自孔子至前汉的易学流变史。如此详尽的记述《周易》的授受系统，在《汉书》中是其他诸经所没有的。

《汉书》不仅将《周易》列为六经之首，而且明确《周易》为诸经之原，认为和神的《乐经》、正言的《诗经》、明体的《礼经》、广听的《书经》、断事的《春秋》，都是相须而备、世有改变的，唯独《周易》，探究宇宙的起源，是人伦的根本，是与天地相终始而不可更易的原本之学。

《汉书》著录的《易经》，今文三家，施、孟、梁丘所传都是十二篇，这十二篇全部由经文上下篇和《易传》十篇构成。《汉书》把《周易》放到六经的首要位置上，认为《易》为其他五经的本原，对于确立《周易》的重要地位有着深远的影响，对后世易学发展起了十分重要的作用。除了对《周易》流变的记载，《汉书》还大量引用或化用《周易》中的文字，其中《艺文志》引用十六次，全部出自《易传》，《五行志》更是高达一百七十余例。

《汉书》中的很多引《易》资料与今本不同，系当时还流传的古《易》。如《汉书》卷三十六《楚元王传》有"《易》曰'飞龙在天，大人聚也'"，颜师古说：

> 此《乾》卦九五象辞也。

今本《周易》象辞为"飞龙在天，大人造也"。

又如《汉书》卷六十二《司马迁传》有"故《易》曰'差以豪氂，谬以千里'。故'臣弑君，子弑父，非一朝一夕之故，其渐久矣'"。对于"差以豪氂，谬以千里"，颜师古注释说：

> 今之《易》经及彖、象、系辞，并无此语。所称《易》纬者，则有之焉。斯盖《易》家之别说者也。

对于"臣弑君，子弑父，非一朝一夕之故，

其渐久矣”，颜师古注释：

> 《易》《坤》卦文言之辞。

今本《周易》文言中则为“臣弒其君，子弒其父，非一朝一夕之故，其所由来者渐矣”。

再如《汉书》卷一百下《叙传》有“六世眈眈，其欲浟浟”，颜师古解释说：

> 六（者）谓武帝也。《易》《颐》卦六四爻辞曰：“虎视眈眈，其欲浟浟。”眈眈，威视之貌也。浟浟，欲利之貌也。……今《易》浟字作逐。

《颐》卦之六四爻“其欲逐逐”，帛《易》中“欲”作“容”，“逐逐”为“笛笛”，与《汉书》之引又有不同。还有《汉书》中引用的“《易》言‘伏戎于莽，升其高陵，三岁不兴’”，帛《易》中“升”作“登”；“《易》有八卦，‘乾’‘坤’六子，水火不相逮，雷风不相悖，山泽通气，然后能变化，既成万物也。”帛《易》中为

“火水相射，雷风相榑”。

三、《隋书》中的《周易》

《隋书》是一部有关隋代的纪传体断代史，共八十五卷，其中帝纪五卷、列传五十卷、志三十卷。全书的纪传部分由魏征主编，史志部分由长孙无忌监修。《隋书》中保存了大量隋代的政治、经济以及科技文化资料，特别是史志部分，不仅叙述了隋代的典章制度，而且记述了梁、陈、北齐、北周的政治、经济情况，有的甚至追溯到汉魏，为后人研究隋代以及前几朝的政治、经济、文化制度，保留了丰富的资料。

《隋书·经籍志》将《易经》列为诸经之首，收《易》共六十九家，在小序中阐述了《易》的产生与传播，详细论述了秦汉以后至唐以前《周易》的授受源流情况及各家盛衰的历史，增加了

《汉书·艺文志》遗漏的一些有关《周易》传播、传承的环节，理顺了今文易与古文易的发展脉络，使今文易的授受源流更加明晰，并收录易学有关书目百余种。此外，《隋书》还给当时一些精通《周易》的人专门做了传记，如韦鼎、来和、萧吉、杨伯丑、临孝恭、刘祐、房晖远、庾季才、庾质、卢太翼、耿询等。

四、《唐书》中的《周易》

《唐书》分《旧唐书》《新唐书》两部，都是记载唐代历史的纪传体史书。五代后晋时的宰相刘昫编撰的《旧唐书》原名《唐书》，宋代欧阳修、宋祁等编写的《新唐书》问世后，改称《旧唐书》。《旧唐书》共二百卷，包括本纪二十卷、志三十卷、列传一百五十卷。由于成书仓促，对于唐代晚期史事的记述显得粗糙。宋仁宗时下诏重修。《新唐书》共二百二十五卷，包括本纪十卷、志五十卷、表十五卷、列传一百五十卷。《新唐书》增加了以前各史所没有的《仪卫志》《选举志》《兵志》，为《宋史》以后诸史所沿袭。

对于《周易》的记载，《旧唐书·经籍志》分诸经为十二类，列《易》为第一，收《易》共七十八家。《新唐书·艺文志》分诸经为十一类，第一类为《易》，收《易》共七十六家。

五、《宋史》中的《周易》

《宋史》是记载中国宋代史事的纪传体史书，由元朝丞相脱脱和阿鲁图先后主持修撰，全书有本纪四十七卷、志一百六十二卷、表三十二卷、列传二百五十五卷，共计四百九十六卷，约五百万字，是二十四史中篇幅最庞大的一部官修史书。《宋史》体例完备，融会贯通了以往纪传体史书的所有体例，纪、传、表、志俱全，保存了北宋与南宋三百二十年间的大量历史记录，对于宋代的政治、经济、军事、文化、民族关系、典章制度以及活动在这一历史时期的许多人物都做了较为详尽的记载。《宋史》分诸经为十类，第一类为《易》，收《易》共二百一十三家，其中大多为宋代人的著作，这表明宋代易学的研究无论是深度还是广度都有了长足的进展。

六、重要史学典籍中的《周易》研究者

史学典籍中对于《周易》的记载，不仅是关于《周易》的传授系统、流派和大量易学典籍的记载，而且还有大量关于《周易》研究者的记叙。重要的史学典籍本来是以记叙历史为主要内容的，而在史学典籍中却有很多关于《周易》研究者的记叙，如费直、焦延寿、京房、马融、郑玄、荀

爽、虞翻、王弼、干宝、韩康伯、孔颖达、李鼎祚、周敦颐、邵雍、程颐、李光、朱熹、吕祖谦、吴澄等人都有记叙，这说明中国史学家对《周易》和《周易》研究者的重视。

（一）费直

费直是西汉古文易学“费氏易学派”的创始人，现在流传的《周易》与《费氏易》有很深的渊源。《汉书·儒林传》记载费直为“东莱人”，治《易》为郎，官至单父（今山东单县境内）令：

> 长于卦筮，亡章句，徒以《彖》《象》《系辞》十篇文言解说上下经。

这就是说，费直开训诂学史上以传附经的先河，他虽擅长卜筮，但“述而不作”，没有《周易》章句传注，只是以《彖》《象》《系辞》等《易传》的文义分析解释《周易》的经文，不加任何发挥。费氏传授的《易经》，后世称为“古文易”。

西汉宣帝、元帝（前73—前33）年间，传《易》者有施、孟、梁丘、京氏四家被列入官学，费氏易没有被列入官学而传于民间。费氏易反对阴阳灾变论，着重阐述《周易》中的义理。费直传《易》授琅琊王璜，王璜传沛人高相，高相授子康及兰陵母将永。东汉时期，经学家陈元、郑众、马融、郑玄、荀爽都学习和传授费氏易学，马融、荀爽都为费氏易作了“传”（指解释经文的著作），郑玄为费氏易作了《易注》。三国时王弼也为费氏易作注，费氏学因之大兴。南北朝梁、陈时期，正式把郑玄、王弼二注“列于国学”。

受费氏易的影响，义理易学的著名人物还有宋朝的范仲淹、欧阳修、程颢、程颐、杨万里、陆九渊，明清的黄宗羲、顾炎武、王夫之等。清代马国翰《玉函山房辑佚书》辑有《费氏易》一卷、《费氏易林》一卷、《周易分野》一卷。

（二）焦延寿

焦延寿年轻时家里很穷，因为好学而得到梁敬王的资助。梁王供给他所需的费用，让他安心学习。焦延寿学成后做了郡吏，后又被选拔补做了小黄县的县令。因为他常常能预先知道奸邪之事，所以盗贼不敢作案；又因他十分爱护和经常教育下面的官吏和百姓，所以小黄县的风气很好。后来朝廷考核，因他的政绩最好，准备调升他做别的官。小黄县里的三老等属官一齐上书请求让焦延寿留任小黄，皇上下诏同意留任，并给焦延寿增加了俸禄，一直到他死在小黄县。

焦延寿专心读书，尤其下功夫研究《易经》，自称学于孟喜，后传授易学与京房。焦延寿讲《易》，喜欢推衍灾异，以自然灾害解释卦象。焦延寿擅长预测自然灾异变化，他把六十四卦与每天要做的事联系起来，又以风雨寒温等气象变化作为征候，占卜十分应验。

焦延寿的易学著作有《易林》《易林变占》，

《隋书·经籍志》《旧唐书·经籍志》《新唐书·艺文志》《宋史·艺文志》中都有著录。

（三）京房

京房乃西汉今文易学“京氏学”的开创者，本姓李，字君明，好音律，推律自定为京氏。京房把传统音律由十二律扩展成六十律，并发明了一种由十三根弦组成的称为“准”的定律器，“准”的结构原理类似于瑟。

京房曾学易于焦延寿，以通变说易，好讲灾异。他把《周易》看作占算吉凶的典籍，从而创造了许多占算的体例。在占算体例的解释中，京房进一步发挥了孟喜的卦气说，并吸收了当时的阴阳五行学说，通过对占法的解释，形成了一套理论体系，用来解释自然和社会，成为汉代哲学的一个组成部分。

《汉书·京房传》记载京房以灾异讲易并到处宣讲，在当时声名显赫，影响很大。京房对灾异常常能够做出准确的预测，近的数月，远的一岁，所言屡中，因此获得了汉元帝的信任。

京房把自然灾害、反常天象与时政相联系，以此推行自己的政治主张。京房还编制了“考功课吏法”，希望以此整顿吏治，清明官场，振肃朝纲。

当时，中书令石显专权，石显的好友五鹿充宗为尚书令，二人把持朝政。京房认为帝王任人不当，会造成天下大乱，灾异横生，希望元帝远离奸佞石显等人，任用贤德之人。由此，石显、五鹿充宗对京房心怀怨恨。后来石显等人趁机把京房排挤出京城。京房离京后不久，石显等借机罗织罪名，将京房逮捕下狱处死。京房死时年仅四十一岁。

焦延寿曾说：“能够得到我学说的真谛并因此丢掉身家性命的人，一定是京生啊。”结果不幸言中。

京房一生撰写了不少易学著作，《汉书·艺文志》载有《孟氏京房》十一篇、《灾异孟氏京房》六十六篇、《京氏段嘉》十二篇。《五行志》又引京房《易传》《易占》二书。此外，《隋书·经籍志》《唐书·艺文志》《文献通考》等对京房的易学著作也都有记载。

（四）马融

马融是东汉名将马援的从孙，东汉儒家学者，著名经学家，博通今古文经籍，世称“通儒”。汉安帝时，马融任校书郎，因得罪当权的外戚邓氏，十年不得升官。邓太后死后，召拜郎中。汉桓帝时，外任南郡太守，因忤大将军梁冀，遭诬陷免官。后来得到赦免，复拜议郎，以病辞官。他居家设帐授徒，门人常有千人之多，卢植、郑玄都是其门徒。

马融通达任性，不太注重儒者节操，常坐高堂，施绛纱帐，前授生徒，后列女乐，开魏晋清谈家破弃礼教的风气。根据《后汉书·马融传》的记载，马融一生注书甚多，注有《易》《诗》《孝经》《论语》等十余种古书。据考证，马融注《易》，源于《费氏易》，又杂采子夏之说以及孟

马融

氏、梁丘氏、京房氏诸家《易》学。

（五）郑玄

郑玄，北海高密（今山东高密）人，东汉末年经学大师，易学大家。郑玄自幼天资聪颖，喜欢读书，勤奋好学，曾入太学从师第五元先，先后攻读《京氏易》《公羊春秋》《三统历》《九章算术》等，又从张恭祖学《韩诗》《古文尚书》《周礼》《左传》等。郑玄在学习了今古文经学两大学派的重要经籍后，尚不以此为满足，又从陈球受业，学习了《律令》。三十岁的时候，郑玄已经成了一名有着较深造诣的经学家，但他自己却毫不满足，千里迢迢西入关中，师从马融学古文经。

郑玄在马融门下学习了七年后向马融告辞，回山东故里，马融深有感慨地对弟子们说：

郑生今去，吾道东矣！

意思是说，由他承传的儒家学术思想，一定会由

郑玄

于郑玄的传播而在关东发扬光大。

郑玄的著述以古文经说为主，兼采今文经说，融会贯通，成为汉代经学的集大成者，世称“郑学”。

根据《后汉书·郑玄传》的记载，郑玄游学归故里之后，聚徒授课，弟子达数千人。党锢祸起，郑玄遭禁锢，潜心著述，遍注群经，以毕生精力整理古代文化遗产，著述共约有六十种之多。他的《周易》著作有《易论》《易赞》，并为《周易》《周易乾凿度》等作注。唐贞观年间，列郑玄于二十二“先师”之列，配享孔庙。

（六）荀爽

据《后汉书·荀爽传》记载，荀爽自幼聪敏好学，潜心经籍，刻苦勤奋，年十二能通《春秋》《论语》。曾任平原相、司空。汉桓帝延熹九年（166），太常赵典推举荀爽为至孝，授任郎中。他上书请求进孝道，奏章送上后，就弃官而走。为了躲避党锢之祸，他隐遁汉水之滨达十余年，专以著述为事，先后注《礼》《易》《诗》等。

189 年，董卓废少帝刘辩，立刘协（即汉献帝）为帝，又征召荀爽。因官员催迫，荀爽不得不去，同年十二月升任司空。荀爽见董卓十分残暴，与司徒王允商量除掉董卓，但在举事前因病不幸去世。《隋书·经籍志》《旧唐书·经籍志》《新唐书·艺文志》记载有荀爽的《周易注》。

荀爽与郑玄、虞翻并称为易学三家。荀氏易学，就其学派而言，属于西汉费直一派，但又受孟喜、京房等人易学思想的影响。

（七）虞翻

据《三国志·吴书·虞翻传》记载，虞翻年轻时非常好学，很有志向。虞翻最初为会稽太守王朗的功曹，孙策征讨会稽，王朗被打败，虞翻归附孙策。孙策仍然任命虞翻为功曹。孙策死后，他的弟弟孙权主事，任命虞翻为骑都尉。虞翻性情疏直，多次犯颜谏争，并且不愿意迁就低俗的行为，多次惹得孙权大怒，先后被谪到丹杨泾县和交州等地。

虞翻在交州期间，讲学不倦，门徒常有数百人。虞翻在南方待了十多年，七十岁时去世。虞翻对经学很有造诣，尤其精通《易》学，为《周易参同契》作过注。虞翻的易学代表著作为《易注》，《隋书·经籍志》《旧唐书·经籍志》《新唐书·艺文志》都曾著录。

（八）王弼

王弼，三国时期魏国玄学家，以老庄玄学解释《周易》的创始人，魏晋易学义理学派代表。据《三国志》记载，王弼出身官僚世家，曾任尚书郎。王弼家学深厚，自幼聪明，十多岁时就喜欢读《老子》，并且通辩能言。他曾与当时许多清谈名士辩论各种问题，常常没有人能够辩论胜过他，深得当时名士的赏识。曹魏正始十年（249）秋天，王弼遭疠疾去世，年仅二十四岁。

王弼的人生虽然短暂，但学术成就卓著。他著有《周易注》《周易略例》《老子注》《老子指

王弼

略》《论语释疑》等数种。王弼主张注《易》时须注重阐明《周易》所包含的义理，摒弃汉代儒生的灾异说、谶纬说，恢复先秦儒家说《易》的本旨，开创了后世以义理解说《易》的先河。《新唐书·艺文志》《旧唐书·经籍志》都著录有王弼的《周易注》。

（九）干宝

干宝，东晋时期的史学家、经学家、象数学派易学家和文学家，也是小说家的一代宗师。据《晋书·干宝传》记载，干宝年轻时勤奋好学，遍览群籍，学识渊博。西晋永嘉元年（307），干宝初仕盐官州别驾（刺史的从吏官），后因刘聪、石勒之乱，举家迁至灵泉乡。东晋建武元年（317），经中书监王导推荐，干宝领修国史，编有《晋纪》二十卷，时称良史，为后世史学家所推崇。干宝精通《周易》，易学著作有《周易问难》《周易元品论》等。《隋书·经籍志》《宋史·艺文略》载有干宝的《周易注》。干宝的短篇小说集《搜神记》在中国小说史上有着极其深远的影响，被称作中国小说的鼻祖。

（十）韩康伯

据《晋书·韩伯传》记载，韩康伯从小便聪明伶俐，历官豫章太守、吏部尚书、领军将军等。韩康伯精研《周易》，为《易传》中的《系辞》《说卦》《序卦》《杂卦》等作注，发展了王弼易学，进一步排斥汉易中的象数之学，将《周易》的体例抽象化，是东晋著名的玄学家和易学家。

（十一）孔颖达

孔颖达为孔子三十二代孙，生于仕宦之家，自幼受到传统的儒学教育，熟读经传，善于辞章，以精通五经称于世，《旧唐书》《新唐书》都有传。隋炀帝大业初年（605），举明经高第，授河内郡博士，补太学助教。隋炀帝召诸儒官于东都互相讨论学问，孔颖达水平最高，因此险遭妒忌者暗杀。

孔颖达

唐朝建立后，孔颖达被李世民聘为秦王府文学馆学士，成为李世民智囊团中的重要人物，历任国子博士、国子司业、国子祭酒等职。曾协助魏征撰写《隋书》，奉唐太宗之命编纂《五经正义》。《五经正义》是唐代一部具有代表性和权威性的儒家经典注释本。“五经”指五部儒家经典著作，即《诗》（《诗经》）、《书》（《尚书》）、《礼》（《礼记》）、《易》（《周易》）、《春秋》。汉武帝时，朝廷正式将这五部书定为经典，故称

"五经"。《五经正义》排除经学内部的家法师说等门户之见，于众学中择优而定一尊，广采以备博览，从而结束了自西汉以来的各种纷争，为经学的统一和汉学的总结做出卓越贡献，被唐朝颁为经学的标准解释。

孔颖达对《周易》有精深研究，易学著作有《周易正义》《周易正义序》，以太极元气说否定了虚无实体说，抛弃了《易纬》中的太易说和大一神说。

（十二）李鼎祚

李鼎祚，唐朝中后期易学家，资州盘石（今属四川资中）人。李鼎祚历任左拾遗、秘书省著作郎，仕至殿中侍御史，在位期间积极为统治者献计献策。安史之乱时，唐明皇入蜀，他进《平胡论》，为讨伐安禄山等人出谋划策。唐肃宗时，为了加强对少数民族地区统治，防止叛乱，又上奏以山川阔远，请割泸、晋、渝、合、资、荣等六州界险要之地置昌州。

李鼎祚精于经学，尤通象数易学，擅筮占，撰有《辖珠明镜式经》《周易集解》。

《周易集解》汇集前贤三十余家注疏而成，博采前人之长，所取于荀爽、虞翻等人为主的象数易学尤多，在易学史上占有重要地位。《周易集解》保存了大量的文献，是后世学者研究汉代易学所能根据的最早文献，凡隋唐以前易家诸书逸不传者，赖此书犹见一二。

（十三）周敦颐

周敦颐，北宋易学家，理学的奠基者。周敦颐出生于书香世家，从小喜爱读书，后应科举考试考中进士。根据《宋史》记载，周敦颐历任县主簿、司理参军、县令、判官、通判、提点刑狱等，在职期间尽心竭力，均有治绩，深得民心。从政之余，他常常和高僧、道人游山玩水，弹琴吟诗。

作为一代大儒、北宋理学的创始人，许多人跟随周敦颐学习，程颢、程颐均为其弟子。周敦

周敦颐

颐晚年在庐山莲花峰下开设濂溪书院讲学，后人称他为濂溪先生。

周敦颐善谈名理，深于易学，代表性的易学著作有《太极图说》《通书》。《太极图说》认为“无极”和“太极”是宇宙万物的本源，论说了天地万物的形成演变过程，为儒家宇宙论提供了一个完整的体系。《通书》是《太极图说》的姊妹篇，据朱熹说，《通书》本名《易通》，后更名《通书》。《太极图说》主要谈天道，《通书》主要谈人事。《宋史·道学传》将周敦颐创立的理学学派提高到了极高的地位。

（十四）邵雍

邵雍，北宋著名易学家，《宋史》有传记。邵雍年轻时就很有志向，他刻苦好学，博览群书，潜心学问。邵雍多次被推荐为官，都坚辞不受，终生以研究《周易》为业。因隐居于苏门山百源之上读书，故被后人称为“百源先生”，其学派被称为“百源学派”。邵雍对易学很有研究，在易学

邵雍

象数派中“自为一家”，以先天象数之学闻名于世，和周敦颐、张载、程颢、程颐并称为北宋五子。邵雍的主要著作《皇极经世书》是一部运用易理和易数推究宇宙起源、自然演化和社会历史变迁的著作，以河洛、象数之学显于世，对后世易学、理学、术数均有影响。

（十五）程颐

程颐，北宋理学家、易学家和教育家，理学创立者之一。《宋史》称他于书无所不读，在学业上诚恳努力，以《大学》《论语》《孟子》《中庸》为指南，以至于通晓六经。程颐先后任汝州团练推官、西京国子监教授、秘书省校书郎、崇政殿说书等官职。

程颐二十四岁时在当时的都城授徒讲学。宋神宗熙宁五年（1072），与其胞兄程颢在嵩阳讲学。程颐从事讲学和著述达三十余年，与程颢共创“洛学”，为理学奠定了基础。程颐与程颢不但学术思想相近，而且教育思想基本一致，合称

程颐

"二程"。程颐是北宋易学中义理学派的代表，著有《伊川易传》（又名《周易程氏传》），继承了王弼义理派易学传统，对传统的象数派进行了批评，将儒家解《易》推阐发挥到极致，可以说是集义理派著作之大成，并对朱熹易学产生了重要的影响，在易学史上有着重要的地位。

（十六）李光

根据《宋史》记载，李光还是小孩子的时候做事就很稳重，不轻侮捉弄人，他父亲认为他犹如一只在云间飞翔的仙鹤，将来能够光宗耀祖。李光在宋徽宗崇宁五年（1106）考中进士，历任知县、右司谏、侍御史、秘书少监、知州、吏部侍郎、参知政事等官职。李光著有《读易详说》十卷，主张解《易》不应拘泥于象数，而应明人事。他解《易》往往依经立义，引史入易，以史证易。因反对秦桧和议，常假借易学来阐述他的政治观点。

朱熹

（十七）朱熹

朱熹，南宋著名易学家、理学家、教育家，宋代理学的集大成者，建立了庞大的理学体系，后人将其与孔子并提，称为“朱子”。

根据《宋史》记载，朱熹为南宋绍兴十八年（1148）进士，初任泉州同安县主簿。曾任荆湖南路安抚使，仕至宝文阁待制。为政期间，申敕令，惩奸吏，治绩显赫。

朱熹博览群书，融会贯通，精于《易》，影响极大。他一生大部分时间过着讲学著书的生活，集周敦颐、邵雍、张载等北宋以来易学家之大成，独立发挥，形成自己的体系。朱熹的易学著作主要有《太极图说解》《周易本义》《蓍卦考误》《参同契考异》《易学启蒙》等。

（十八）吕祖谦

吕祖谦，南宋著名理学家、易学家，出身“东莱吕氏”，生于婺州（今浙江金华），为吕夷

吕祖谦

简六世孙，其曾祖、祖父、父亲等，皆为朝廷命官。吕氏家族除官位显赫外，学业上也颇有建树，家学深厚，《宋史·吕祖谦传》说：

> 祖谦之学本之家庭，有中原文献之传。

吕祖谦最初以荫补入官，不就。宋孝宗隆兴元年（1163），吕祖谦登进士第，授左从政郎，改差南外宗学教授，累官直秘阁。淳熙八年（1181）病故，年四十五岁，谥号“成”，后改谥“忠亮”。

吕祖谦博学多识，主张明理躬行，学以致用，他所创立的“婺学”，是当时最具影响的学派之一，清代学者全祖望说：

> 宋乾、淳以后，学派分而为三：朱学也，吕学也，陆学也。三家同时，皆不甚合。朱学以格物致知，陆学以明心，吕学则兼取其长，而复以中原文献之统润色之。

吕祖谦在理学发展史上占有重要地位，与朱熹、张栻齐名，并称“东南三贤”。

吕祖谦在易学史上占有重要地位，其易学著作有《古周易》《易说》《周易音义》《周易系辞精义》等。

吕祖谦也非常重视史学，曾参与编修《徽宗皇帝实录》二百卷，有《十七史详节》二百七十三卷传世，还著有《历代制度详说》《春秋左氏传说》《春秋左氏续说》《东汉精华》等。

吴澄

（十九）吴澄

吴澄，宋元之际思想家、教育家、理学家、易学哲学家。据《元史·吴澄传》记载，吴澄自幼聪敏好学，宋度宗咸淳六年（1270），应乡试中选。吴澄授徒于乡里，作草屋以居，题名“草庐”，因此被称为草庐先生。

元朝建立后，吴澄避兵乱隐居乐安布水谷，从事著述。后在友人极力推荐下才在元朝为官，先后任国史编修、国子监丞、国子监司业、翰林学士、太中大夫、经筵讲官等职，但时间都很短。吴澄的大半岁月都是在讲学著书，孜孜于理学，尤精于易学，被称为“经学之师”。吴澄的著述丰富，易学著作有《易纂言》《易纂言外翼》《易叙录》等。

史书不仅对《周易》研究大家焦延寿、京房、马融、郑玄等人有记叙，就是那些对《周易》研究小有成就的人物也做了记述。例如《后汉书》记载袁敞少传《易经》教授，历任太子舍人、将军、大夫、侍中、太守、太仆、光禄勋、司空等官职，性格刚直，不阿附权贵。

《后汉书·方术列传》记载，有个叫段翳的人研究《易经》，善于占卜，时常有来向他求学的人，虽然还没有到达，他就能事先预知求学者的情况。他曾对看守渡口的官吏说：“某天会有两个学生挑着东西来问我的住处，请你为我告诉他们我的住处所在。”后来果然和他说的一样。

《三国志》记载，三国时期曹魏有位术士叫管辂，他精通《周易》，晓天文，通地理，善于卜筮、相术，预测事物，每言辄中，达到了出神入化的境地，当地人都很喜欢他，经常找他算命看卦。管辂还善于射覆，每射辄中，令人惊奇不已。射覆就是用某种器具覆盖某一物品，让人猜测里面是什么东西。射是猜测、猜度的意思，覆是覆盖的意思。所覆之物虽然大都是一些生活用品，但任何一种小的物品都有可能成为所覆之物。因此，射覆这种游戏，看起来好像是猜谜，但单纯猜中的可能性是微乎其微的。射覆并不是猜出来的，它是用《易经》占卦推算出来的。预测人员自己起卦，然后自己根据所得卦的象、数、理从无限种可能的事物中推断出符合卦的某种具体事物来，即为所射之物。射覆是古今易占家的一种高难度游戏，趣味性和交互性很强，是古代易学高手常做的一种研易应用实践活动。射覆是当众预测，当众验证预测结果，并且时间有限，如果没有高超的卦术，是难以测准的，很能考验易者的功力。《汉书·东方朔传》载："上尝使诸数家射覆。"颜师古注曰："于覆器之下而置诸物，令暗射之，故云射覆。"从此记载看汉代时期皇宫中已经流行射覆游戏。

《三国志》记载了管辂的几次射覆活动，非常精彩。一次是馆陶县令诸葛原晋升为新兴太守，管辂前往为他送行。诸葛原当着众宾客的面亲自去取了燕卵、蜂巢、蜘蛛放在器物中，让管辂射覆。卦成后，管辂说：

> 第一物，含气须变，依乎宇堂，雄雌以形，翅翼舒张，此燕卵也。第二物，家室倒县，门户众多，藏精育毒，得秋乃化，此蜂窠也。第三物，觳觫长足，吐丝成罗，寻网求食，利在昏夜，此蜘蛛也。

在座的人都惊喜不已。另一次是平原太守刘邠取印囊和山鸡毛放在器物内，让管辂卜筮。管辂说：

> 内方外圆，五色成文，含宝守信，出则

有章，此印囊也。高岳岩岩，有鸟朱身，羽翼玄黄，鸣不失晨，此山鸡毛也。

还有一次是清河县令徐季龙取了十三种物品装在大箱子里，让管辂射覆。管辂说："器中藉藉有十三种物。"先说有鸡子，后道有蚕蛹，然后一件一件地说出了它们的名字，只是把梳子说成了枇子而已。管辂他还预测到了自己的寿限，他说："上天给了我聪明才智，却不给我长寿，恐怕四十七八岁的时候，我看不见女儿出嫁、儿子娶媳妇就死了。我前后给人看相，感觉很快就要去世的人超过了一百个，基本上没有差错。"果如管辂所言，他在四十八岁那年去世了。

《周书》记载，北周时期的斛斯征五岁就能够诵《孝经》《周易》，认识他的人都认为他不同寻常。《周书》还记载，萧岿为人孝悌慈仁、节俭，有君子的雅量，著有《周易义记》等。

《金史》记载，宗道通《周易》《孟子》，善骑射。类似的事例很多，不胜枚举。

史书的撰写者对《周易》研究者如此重视，

南宋学者、文学家洪迈认为这是因为《周易》是一部经典，对经典的解释，哪怕是在一个字的解释上有独到之见，只要言之成理，持之有故，都是对《周易》研究做出了贡献，都应该予以肯定。明末清初思想家、史学家、语言学家顾炎武以为，《周易》是一部有关治乱的经典，而邪说总是与经典共存，因此对《周易》稍有发明，就有益于治世、有利于辟除邪说，把对《周易》研究的学者列入史书是应该的。因此，凡是对《周易》研究有成就者，多数都能够在史书上占有一席之地。

七、史学对《周易》发展的影响

史学对《周易》发展的影响主要表现在两个方面：一是《周易》的经文和传文常常采用历史史实来说明义理；二是后世研究《周易》的易学著作常常引史证经，以历史事实解说易理，说明易理的正确，形成了易学中的史事义理派。

《周易》的经文和传文引用历史史实说明义理的例子很多，如《周易》经文中有关夏商之际王亥丧牛羊于易的故事、商王武丁讨伐鬼方的故事、商王帝乙嫁女的故事、商朝旧臣箕子佯狂为奴的故事、周朝初年康侯用锡马蕃庶的故事等。《周易》传文中引用历史史实的例子也很多，如商王成汤灭夏、商纣王的暴政、周文王蒙难、周武王伐纣等。《周易》的经文和传文引用的历史史实都是非常重大的历史事件，人们对这些重大历史事件大都是熟知的，通过这些历史史实可以很明确地向人们阐明《周易》所包含的道理，人们也易于接受。

引史证经是后世《周易》研究者常用的方法，他们引用历代工朝兴替的历史事实分析《周易》的卦象和卦爻辞，解说易理，用以说明易理的正确。汉末郑玄注释《易经》时已经引史证经，如解释《乾》用九“见群龙，无首，吉”（出现一群龙，没有首领，吉利）时说，群龙无首的卦象就像是舜接受了尧的禅让，禹与稷、契、皋陶等人共同处事；解释《坤》六五“黄裳元吉”（穿黄色的下衣大为吉祥）时说这就像舜试天子、周公摄政。

东晋干宝注释《易经》时也很重视引史证经，如解释《坤》六三“含章可贞，或从王事，无成有终”（蕴含美德，恪守正道，也许从事辅佐君王的事业，虽无成就，但还是有好的结局）时说，周平王、周襄王之所以能够垂衣拱手而毫不费力地治理天下，这大概是依赖晋国和郑国的辅佐；解释《坤》六五“黄裳元吉”（穿黄色的下衣大为吉祥）时说，阴爻到了五爻的位置，以柔爻进居尊位，就像是周成王、汉昭帝这样的君主遇到了周公、霍光[①]这样的大臣——周公、霍光统领百官，处理国家的各种重要事务，虽然情体信顺，

---

① 霍光，西汉著名将领霍去病的同父异母弟。霍光跟随汉武帝近三十年，是其重要谋臣。汉武帝死后，他受命为汉昭帝的辅政大臣，执掌汉朝最高权力近二十年。霍光改变了汉武帝末年急征暴敛、赋税无度的政策，击败了上官桀等人发动的政变，立汉宣帝，为汉室的安定和中兴建立了功勋，成为西汉历史发展中的重要政治人物。

但好像还是有僭越君位的嫌疑，周公尤其为重；他们的言语一定要非常忠信，行动一定要十分恭敬，然后才可以取信于神明，没有过失。

宋代引史证经尤为兴盛，程颐、李光、杨万里是其中代表人物，属于继承孔子义理派易学的一派。他们以史证易，把史学纳入易学体系当中。

程颐常常引用史实解释《周易》的经文和传文，如解释《乾》九二“见龙在田”（龙出现在田野）时说，这是舜耕田渔猎的时候；解释《坤》六五“黄裳元吉”时说，臣下居于尊位，后羿、王莽是这样的，这还是可以说得过去的，而妇女居于尊位，女娲、武则天是这样的，这是不合惯例、不合本分的变化，是说不过去的；解释《屯》九五“屯其膏，小贞吉，大贞凶”（囤积油脂，囤积得少则占问吉利，大量囤积则占问凶险）时说，威严权力已经没有了，还想很快地纠正它，这是寻求凶险的途径啊，鲁昭公、高贵乡公的事就是这样的；解释《师》卦辞“丈人吉”（德高望重之人吉利）时说，所谓的丈人，不一定就是一直处于尊贵位置上的人，但是他的才能、谋略、品德和业绩为众人所敬畏服从，如司马穰苴诛杀了庄贾，而众人都敬畏服从，这就是丈人啊。又如韩信出身低微卑贱，而逐渐成为大将，大概就是因为他的谋略和作为使得人们尊重敬畏他。

李光《读易详说》是第一部以史证易的专著，多援引史事解说《周易》，如解“蛊”卦的初六爻，李光认为天下蛊坏，必须得有善继之子才能堪任大事，否则就不足以振兴，周宣王承继厉王之后，修车马，备器械，复会诸侯于东都，才终于完成中兴的功业。

南宋的杨万里也是宋代义理派易学的代表人物之一，著有《诚斋易传》。他解释《周易》特别注重引用历史，程度远远超过程颐，六十四卦几乎每一卦都引用历史来解释。如解释《彖传·革》时说，所谓顺天应人，就是说举大事必须适应历史的必然，不可因有人反对就害怕，秦国的变法、赵国的胡服骑射就是这一类的。又如解释

《震》六五“震往来厉，亿无丧，有事”（雷电来往猛厉，没有大的损失，有事情要发生）时说，当变动的时代来临之时，如果没有领导时代变动的才能，与其变动而丢掉了我们现在所有的，不如保持现状而不至于丧失了我们现在所有的，周平王、晋元帝轻举妄动就遭遇了这样的事情。

第四章　著名史学家与《周易》

中国古代史学家与《周易》有很深的渊源，在中国史学史上，很多史学家是精通《周易》的，有着深厚的易学素养，对《周易》有精深的理解，甚至在易学史上也有重要的地位。《周易》深刻的思想培育出中国古代史学家对社会历史认识的独特视角，使他们写出了光照千古的史学著作，形成了有鲜明民族特点的历史文化，显示出中国史学的独特光彩。先秦史官是通《周易》的，汉代的司马迁、班固两位大史学家，对《周易》有很深的造诣。宋代的欧阳修、司马光与明清之际的王夫之、清代的章学诚等，既是大史学家，也是易学大师。中国古代史学家在他们的史学著作里论述历史兴亡、社会变革中所表现出的变通思想、重民思想、进化思想和忧患意识以及具有哲理性的历史观等，很明显是受到了《周易》的启示和影响。近现代的一些史学大家如刘师培、顾颉刚和郭沫若等，对《周易》也有着很深入的研究，并提出了自己的独到见解。

司马迁

一、司马迁的史学与易学

司马迁是中国西汉时期伟大的史学家，被后人尊称为“史圣”。司马迁十岁开始读古书，学习十分认真刻苦。二十岁那年，他从长安出发，到各地游历。司马迁的父亲司马谈任太史令，写古今通史的愿望没有实现，临终前希望他完成其夙愿，嘱托他“正《易传》，继《春秋》”（正定《易传》，接续《春秋》）。司马迁向父亲表示，一定要完成父亲的事业，实现父亲的遗愿。司马谈去世后，司马迁继任父亲太史令的职务，开始写《史记》，经过十多年的艰苦努力，最后终于创作完成了中国第一部纪传体通史《史记》（原名《太史公书》）这部伟大的史学巨著。《史记》无论在史学思想上还是在历史编纂学上，都是一个伟大的创造。

司马迁虽然没有专门的易学著作存世，但是他对《周易》有很高的造诣，因为作为史官精通《周易》是其职能的需要。《史记》充分体现出了司马迁的易学思想和他对易学原理的广泛、灵活的运用。司马迁把易学思想溶入《史记》之中，以易学的思想指导他的创造。

易学是司马迁的家学渊源之一，根据司马迁《史记·太史公自序》记载可知，司马迁的家学由三个部分组成：一是天官学，二是杨何的易学，三是黄子的道论。天官学、易学和道论，构成了司马迁富有辩证联系的史学思想。据《史记·孔子世家》可知，孔子以后易学的传授，自商瞿至杨何共八传。司马迁在《史记》里详细说明了孔子易学的传授系统，一方面说明这是事实，《史记》重实录；一方面也体现了这个传授系统与他本人有关——司马迁的家学中有易学传统，司马迁的易学出于其父司马谈，司马谈受《易》于杨何。

司马迁十分推崇《周易》，他把《周易》看

作圣人之书，这在《史记》中多有反映，并把“正《易传》”作为写作《史记》的目的之一。司马迁在《史记》中对《周易》的精彩引用，正是他易学基础深厚的明证。司马迁充分肯定了与《周易》有着密切关系的卜筮的价值和作用，在《史记》里大量记载历史中的占卜之事，如《陈杞世家》《晋世家》《郑世家》《赵世家》《魏世家》《韩世家》《田敬仲完世家》《陈涉世家》《外戚世家》《楚元王世家》等均有占卜的记载，并专设了《日者列传》《龟策列传》。

《周易》对司马迁史学的影响是十分明显的。《周易》是司马迁史学的哲理基础，《周易》的变通思想对司马迁影响很深，他用《周易》的变通思想指导《史记》的写作，把规律性的东西和历史经验教训在历史的记叙中显示出来，揭示历史变迁、变化、变异的规律，总结“变”的历史经验教训。“通古今之变”作为司马迁史学思想的核心，是他深受《周易》变通思想启示和影响的结果。司马迁承弊通变的历史变革观也是《周易》

的变通思想在其史学中的运用。

《周易》的忧患意识对司马迁的影响也很大。司马迁写作《史记》的时候，正值汉朝的强盛时期，但社会已经潜伏着严重的危机。司马迁已经意识到了这一点，他认为治乱兴衰是有规律可循的，他在《报任安书》中说，要搜集散失的历史材料，考证历史人物的所作所为，探究历史上政治成功与失败、国家兴盛与衰败的规律。司马迁这种通古今盛衰之变的思想与承弊通变的社会变革思想，很明显是受《周易》的影响。

受《周易》上天主宰着人世观点的影响，司马迁的历史哲学，也是以人事明天道，又以天道说人事；受《周易》革故鼎新思想观念的影响，司马迁肯定社会的变革与进步，积极评价了汤武革命、陈涉起义等社会革命活动。

二、班固的史学与易学

班固，中国东汉时期的史学家、文学家，东汉历史学家班彪之子。班固自幼聪敏，九岁能诵读诗赋，成年后博览群书，竭尽全力研究各种学术流派的学说。建武三十年（54），班固因为父亲班彪去世，自太学返回乡里。居父丧期间，班固在班彪续补《史记》著作《后传》的基础上开始编写《汉书》。不料，正当班固全力以赴地撰写《汉书》的时候，有人上书汉明帝，告发班固私修国史。班固被捕入狱，书稿也被全部查抄。他的弟弟班超上书汉明帝说明班固修《汉书》的目的是颂扬汉德，让后人了解历史，从中获取教训，并无毁谤朝廷的意思，后来班固被无罪释放。汉明帝很赏识班固的才能，任命他为兰台令史，后升迁为郎官，典校秘书。汉和帝永元四年（92），窦宪失势自杀，班固受牵连，死在狱中，年六十一岁。

班固对中国古代史学与易学都做出了很大的贡献，他潜心二十余年，至东汉章帝建初中期基本上完成了中国第一部纪传体的断代史《汉书》。同司马迁一样，班固也非常推崇《周易》，《汉书》反映出班固深厚的易学根基。班固在《汉书》中屡屡称述《周易》，《汉书·艺文志》中把《易》放在六经之首，认为《易》为其他五经之源，肯定了《周易》在六经中的特殊地位，系统著录了易学文献，足见班固对《周易》的重视和接受程度。

班固以《周易》的变通思想论说古代文献的起源、性质以及学术渊源，把《周易》放在了各类学术中的核心和源头的重要地位。班固还把施、孟、梁丘的《易》以及京房《易》放在突出地位上，并且对京房《易》格外重视，在《汉书·五行志》中把京房《易》放在十分突出的地位，并且运用京房《易》对历史变化做出解释，用以分析汉代以前的历史。班固继承了《周易》的天人相应思想，认为人间灾异都是上天有意为之，特意创立了《五行志》专言天命。班固对《周易》的认识和他的天命观对后世易学、后世史学的发展产生了深远的影响。

班固将《周易》作为他史学创作的理论依据和指导思想，其写作《汉书》史料的取舍，在《汉书·叙传》中多次提到是依据《周易》经传文的宗旨。班固的史学观点明显受到《周易》的影响，他以《周易》为主要理论基础来解释古代历史，并由此提出了对历史发展规律的见解。班固根据《周易》的阴阳变易学说，提出了一个以元气论为基础的宇宙生成理论，用以说明天道和人事的发展规律。班固还将《周易》的卦气说与律历相结合，用以解说“三统（夏、商、周三代的正朔）”。

《周易·困·传》说：

> 泽无水，困；君子以致命遂志（泽中无水，是一种困境；君子身处困境中，当舍生

忘死，来实现自己的理想）。

班固以此思想作为自己的价值追求，他在《汉书·叙传》中自己叙说班彪（班固的父亲）“有子曰固，弱冠而孤，作《幽通之赋》，以致命遂志”。正是在这种“致命遂志”思想的激励下，班固身处困境之时，依然意志坚定，宁可舍弃生命，也不放弃自己的志愿和追求，最后终于写成了传世不朽的《汉书》而扬名于后世。

三、欧阳修的史学与易学

欧阳修，北宋时期的政治家、文学家、史学家，官至枢密副使、参知政事，是唐宋八大家[1]之一，既是范仲淹庆历新政的支持者，也是北宋诗

① “唐宋八大家”是中国唐宋时期八位大散文家的合称，即唐代的韩愈、柳宗元和宋代的苏洵、苏轼、苏辙、欧阳修、王安石、曾巩。

欧阳修

文革新运动的领导者。

欧阳修四岁丧父，在母亲的抚育下读书。因为家贫无资，他的母亲用芦苇在沙地上写字、画画，教他识字。欧阳修自幼喜爱读书，常借书抄读。他天资聪颖，又刻苦勤奋，往往书不待抄完，已能成诵；少年习作诗赋文章，文笔老练，有如成人。

欧阳修在宋仁宗天圣八年（1030）中进士，任西京留守推官。至和元年（1054），奉诏与宋祁同修《新唐书》。欧阳修在经学、史学、金石学等方面都有成就。他研究《诗》《易》《春秋》，提出自己的独到见解。除参加修撰《新唐书》外，又自己编修《新五代史》，总结五代的历史经验，意在引为鉴戒。他喜欢收集金石文字，整理了周代至隋唐的金石器物、铭文碑刻，编辑成一部考古学资料专集——《集古录》。欧阳修治史，取法《春秋》，义例严明，不轻易沿袭前人之说，见解独到。

欧阳修不仅是大史学家，也是重要的易学家，他通晓《周易》，以义理解易，进而提出对历史兴衰变动的看法，并对《周易》变通的思想做过较为深刻的阐述，在易学史上有特殊的地位。

欧阳修的易学著作有多种，《易童子问》是他的易学代表作，表达了其主要的易学思想。《易童子问》以童子与师问答的形式解释卦义并予以辨正而得名。《易童子问》共三卷，卷一、卷二解说了六十四卦的卦辞及《彖传》《象传》大义，探讨何为君子之道，卷三为考辨《易传》的内容，集中辩论了《易传》的作者问题。

欧阳修对《周易》的解说，除了《易童子问》，还有《易或问三首》《易或问》《明用》《张令注周易序》《传易图序》《崇文总目叙释·易类》《刚说》《系辞说》等，从不同的角度对《周易》进行阐释。

《易或问三首》提出大衍之数是筮占的一种方法，是《易》之末，无须用心。《易或问》说明自己的易学思想受王弼的影响，并在其解易的基础之上有所甄别。《明用》专门论述《乾》之六爻、《坤》之六爻以及何谓用九、何谓用六。

欧阳修说《易》，倾向义理，反对卜筮，强调《易》的主旨在于急人事之用，而与天道无关。他以为卦义是为中人以上的圣人君子而设，爻义是为中人以下而设，因此专解卦义而不涉及爻义。他反对“河出图，洛出书”之说，只肯定《彖》《象》二传为孔子所作，认为《系辞》《文言》《说卦》《序卦》《杂卦》五种传非出自一人之手，乃后人杂取拼凑而成，虽有孔子之言，却不可视为孔子所作，强调必须明辨是非真伪，不能盲目尽信。这种说法是前人所没有的，反映出欧阳修对易学的独特认识，对后世的易学研究产生很大的影响，在易学史上有重要地位。

四、司马光的史学与易学

司马光是北宋时期著名的政治家、文学家、史学家，他自小聪颖，七岁的时候就像一个大人一样非常懂事，显得很是严肃庄重。他听老师讲解《左氏春秋》，非常喜欢，放学之后就为家人讲，这表明他能懂得《春秋》的主要意思。他从此书不离手，甚至忘记了饥渴、冷热。有一天，一群儿童在庭院里做游戏，一个小孩失足跌进了装水的大缸里，别的小孩都吓跑了，幼小的司马光手执石块将缸击破，缸里的水流出，那个小孩因而得救。

司马光

司马光历仕仁宗、英宗、神宗、哲宗四朝，历官天章阁待制兼知谏院、龙图阁直学士、翰林学士、枢密副使、尚书左仆射兼门下侍郎等。他为人温良谦恭、刚正不阿，为官清廉，历来受人景仰。

司马光在学术上的最大贡献是历时十九年主持编写《资治通鉴》。《资治通鉴》是中国历史上第一部编年体通史，通贯古今，记载上起战国初期（前403），下迄五代末年（959）共一千三百六十二年的历史。《资治通鉴》依时代先后顺序记写，对于重大的历史事件的前因后果等都记载得很清楚，代表了传统史学编年体历史撰述的最高成就。

司马光著述颇多，他在史学、文学、经学、哲学乃至医学方面都有著述。除了《资治通鉴》，史学著作还有《通鉴举要历》《稽古录》《本朝百官公卿表》等。

司马光的主要易学著作为《温公易说》《潜虚》和《太玄注》。

《温公易说》又名《易说》，体现了司马光的义理思想，是易学史上的重要著作，主要是阐释儒家思想，阐明人事，不赞同王弼以老庄解《易》的虚无缥缈之说，强调天人之合，主张易道为天之经、人之纪，揭示了易道的本质即是通变，倾向象数与义理并重。《温公易说》最大的特色是引用史事以证易义，因此可以说司马光是易学“两派六宗”中“参证史事”宗的开创者。

《潜虚》体现了司马光的象数思想，模仿扬雄的《太玄》的行文体系而作，全书内容分为义理、图式、术数三个部分，以五行配天地之数，吸取了阴阳、易卦、筮占的观念，构造了天地万物生成的秩序，建立起一个以五行为基础的新的象数系统，揭示了自然之道和人文之道之间的关系。

司马光的易学与史学相互贯通，常引史事以证易义，体现出他的历史观的特点。司马光的史学与易学密不可分，他通过易学形式表达了独具特色的历史观，二者皆为其学术不可分离的部分。

五、王夫之的史学与易学

王夫之，明末清初的思想家、经学家、史论家，也是一位易学家。王夫之自幼从学于父兄，聪敏好学，博览群书，学识极其渊博，对天文、历法、数学、地理学等均有研究，尤精于经学、史学、文学。王夫之壮年时，明清两朝更替，他曾积极参加抗清斗争，经历了坎坷的政治流亡生活。迫于抗清形势逆转，王夫之隐居家乡衡阳潜心治学，在石船山下筑草堂而居，人称“湘西草堂”，在此撰写了许多重要的学术著作。

王夫之的史学著作主要有《尚书引义》《尚书稗疏》《春秋稗疏》《春秋家说》《春秋世论》《续春秋左氏传博议》《读通鉴论》《宋论》等，其中《读通鉴论》与《宋论》是传统史学历史评论的总结性著作，他的历史观和政治思想主要表现在这两部书里。

《读通鉴论》是王夫之借引司马光《资治通鉴》所载史实写成的一部史论，是中国史学思想史上的重要著作，是传统史论中非常系统的杰作。

王夫之的主要易学著作有《周易内传》《周易内传发例》《周易外传》《周易大象解》《周易稗疏》《周易考异》等。易学研究和史学研究是王夫之学术生涯中不可分割的两部分，他深究于易而出入于史，援史入易，以易说史，易学是他史学研究的思想基础，史学是他的易学观用于历史研究的具体体现。

王夫之以《周易》的变通思想来研究《周易》，他的易学思想综罗往古，既通象数，又精义理，创建了别开生面的易学思想体系，集明代易学之大成而多创见，自成一家之言。王夫之对易学的深刻理解对他的史论著作产生了重大的影响，他把《周易》的一些观念引进历史研究之中，把易学与史学联系在一起，以易学理解历史，谈天人之际，说兴亡之理，把中国史学思想推向一个新的高度。

六、章学诚的史学与易学

章学诚，清代史学理论家、方志学家和文学家，浙东学派的代表。章学诚幼时较为愚钝，并且身体多病，十四岁时《四书》尚未卒业。到十五六岁的时候，读书仍然极其呆滞，每天学不了二三百句话，而且还不能长时间记住，所写文章言之无物且多不当理。二十一岁以后，章学诚的学识见长，纵览群书，尤其爱好历史部分。章学诚四十岁时考中进士，授官国子监典籍，曾主讲定州定武、保定莲池、归德文正等书院，并为南北方志馆主修地方志。章学诚一生主修、参修各类地方史志十余部，并撰写了大量的志评著作。章学诚还曾入湖广总督毕沅幕府，协助编纂《续资治通鉴》等书。

章学诚自小对文史有浓厚兴趣，从三十四岁时起开始撰写《文史通义》，二十余年从不中断。《文史通义》是一部学术理论著作，为中国传统史学理论集大成者。《文史通义》开篇便是《易教》上、中、下三篇，其中上篇论说《易》为政典，中篇揭示《易》的变易本质，下篇肯定《易》与其他六经“殊途同归，一致百虑”。

章学诚认为《周易》虽然讲阴阳八卦，但是其中有政教制度、历史典故，因此与历史有“同科之义”。因此，章学诚认为包括《周易》在内的六经都是史书，记载着上古社会的史料，都是经世之书，说：

> 六经皆史也。古人不著书，古人未尝离事而言理，六经皆先王之政典也。

“六经皆史”的观点突破了传统经学藩篱，扩大了史学中史料的范围，是对经史关系认识的深化。

章学诚的史学见解与他的易学素养紧密相关。

章学诚在易学史上有着重要的地位，他继承和发展了《周易》的变通思想，认为社会的演进、历史的变革、王朝的更替，都有客观的必然趋势。章学诚的易学观点成为他评论史学的理论基础，通过他对易学的独特认识，论说了对历史、史学独到的见解。他以《周易》的变通思想阐发对史学的认识，说明史学变革的必然与必要。

章学诚认为，经过千余年的发展，古代史学已失去了早期那种创造性的活力，各种弊端已经暴露出来，需要进行变革，主张以恢复史学通识传统的方式来恢复史学的生机，并提倡以经世史学作为发展史学的一种手段。

章学诚的史学著作还有《方志略例》《湖北通志检存稿》等。章学诚提出了“经世致用”“六经皆史”“做史贵知其意”和“史德”等著名论断，建立了自己的史学理论体系；同时还在总结前人修志经验的基础上，提出了“志属信史”“三书”“四体”“方志辨体”和建议州县“特立志科”等重要观点，建立了方志理论体系，创立了方志学，从而奠定了其在清代史学史上的重要地位。

七、近现代重要史学家的史学与易学

近现代的刘师培、顾颉刚和郭沫若等在20世纪史学史上有重要的地位，他们不仅在史学上观点新奇，在易学上也有自己的独到见解。他们不再是在旧经学范围内论说《周易》，而是以新的视角来认识《周易》。在史学近代化的过程中，在旧经学终结的背景下，他们把《周易》从神的启示录还原为世俗人的创作，以史学的眼光解析《周易》、认识《周易》，从中研究中国古代社会的情形，并以新的学术观点说明易学及其变化。

刘师培，近代中国经学大师，在母亲的教授下，他八岁就开始学《周易》，十二岁读完四书五经。他在继承《左氏》家学的同时，善于把近代西方社会科学的研究方法和成果吸收到中国传统文化研究中来，开拓了传统文化研究的新境界。刘师培关于《左传》的研究成果颇多，对易学与史学的关系有自己的看法。

刘师培认为《易经》记载了从原始社会到周代的历史进程，包含了周代的政治制度、古代史事、礼俗及古代社会变迁等。他认为周代的政治多记于《易经》，所以《易经》可以考证周代的制度；古代的事多存于《易经》，所以《易经》可以补全古代史料的缺憾；古代的礼俗多见于《易经》，所以《易经》可以考查宗法社会的状态；社会进化的秩序、事物发明的次第，也多见于《易经》，所以《易经》可以考查古代社会的变迁，这些都是《易经》有裨于史学者的。

顾颉刚，中国现代古史辨学派的创始人，也是中国历史地理学和民俗学的开创者，是中国近代学术发展史上有着重要影响的一位学者。受胡适在新文化运动中倡导的“整理国故”思想的影响，顾颉刚从 20 世纪 20 年代起即从事中国历史和古代文献典籍的研究和辨伪工作。他主张用历史演进的观念和大胆疑古的精神，吸收近代西方社会学、考古学等方法，研究中国古代的历史和典籍。他与钱玄同等发起并主持了古史辨伪的大讨论，又广集当时的研究成果编成《古史辨》八册，形成了“古史辨”派。顾颉刚专心于古史研究，一生著述颇丰，除所编《古史辨》之外，重要的还有《汉代学术史略》《秦汉的方士与儒生》《尚书通检》《中国疆域沿革史》《当代中国史学》《史林杂识》等等。

顾颉刚对《周易》也做了相当深入的研究，撰写了一些论文，如《周易卦爻辞中的故事》《论易系辞传中观象制器的故事》《论易经的比较研究及彖传与象传的关系书》等，以史家的眼光对《周易》进行研究，将《周易》拉下神学的圣坛，当作史料看待，把易学讨论纳入他辨古史的范围。顾颉刚《周易卦爻辞中的故事》对《周易》的历史故事进行考证解说，考证分析了其中的五个故事：王亥丧牛羊于易、殷高宗伐鬼方、帝乙归妹、箕子之明夷、康侯用锡马蕃庶，并根据箕子和康侯的两条卦爻辞，指出《周易》卦爻辞为文王所作的传统说法不可信，认为《周易》的写作时代当在西周初叶。

郭沫若，中国现代著名文学家、历史学家、考古学家，在中国现代文学史、历史学、考古学等领域享有崇高的地位，也是中国新诗的奠基人。他对易学的研究也颇有成就，被认为是运用马克思主义唯物史观研究《周易》的第一人。

郭沫若少年时上过私塾，十四岁以前在先秦学术和文化知识方面打下了良好基础。他对中国古代史和古文字学很有研究，著有《中国古代史的分期问题》《中国古代社会研究》《青铜时代》《十批判书》《奴隶制时代》《甲骨文字研究》《两周金文辞图录考释》《金文丛考》《卜辞通纂》等。

郭沫若有两篇专门研究《周易》的文章：一篇是作于1927年的《〈周易〉的时代背景与精神生产》，后改名为《〈周易〉时代的社会生活》；

另一篇是作于1935年的《〈周易〉之制作时代》。郭沫若把《周易》研究作为中国古史研究的一个重要组成部分，用社会史的眼光分析认识《周易》。

《〈周易〉时代的社会生活》是《中国古代社会研究》的开篇，将《周易》作为一种史料来分析中国古代社会。郭沫若根据卦爻辞的内容，从生活的基础（渔猎、牧畜、商旅、耕种、工艺等五方面）、社会的结构（家族关系、政治组织、行政事项、阶级等四方面）、精神的生产（宗教、艺术、思想等三方面）等角度，系统阐述了《周易》时代的社会生活，从中剖视中国古代社会的各个方面，把《周易》这部书从神的启示录变成"世俗人"的思维术，使《周易》的价值得到重新的估定。

郭沫若认为《易经》是古代由原始公社制度变为奴隶制度时的产物，是中国古代社会存在的反映，如果把《易经》当中表示现实生活的文句分门别类地划分出它们的主从来，可以得到当时社会生活状况和精神生产的模型。郭沫若还从《周易》阴阳爻的象征以及成对的概念中，看出其对事物的理解以及事物的运动观中含有辩证法因素，并将《周易》的辩证思维方式归结为“三个定式”。他也指出了《周易》辩证运动观点的缺陷——把世界绝对的变化当成相对的，认为“这样辩证法一变而与形而上学妥协，再变而与宗教妥协”。

郭沫若通过对《周易》的研究，揭示了《周易》所含史料背后隐藏的当时社会的经济基础、政治制度和社会思想，提高了对《周易》的认识。郭沫若从新的视角来研究《周易》，开辟出了易学研究的新天地，对易学的发展做出了重要贡献，使后人对易学的研究有了更为广阔的视野。